KB117321

강심장 트레이닝

불안을 기회로 만드는
7단계 마음 훈련

강심장 트레이닝

김병준 지음

중앙books

프롤로그

실전에서 최고의 기량을 발휘하는 승부사들의 비밀

우리는 중요한 일을 앞두고 쉽게 실패에 대해 생각한다. 중요한 시험인데 불합격하면 어떻게 하나, 내일 시합에서 실수하면 어쩌나 등 모든 불안은 사소한 걱정으로부터 시작된다.

지금 다니는 회사를 언제까지 다닐 수 있을까. 출산 후에는 다시 취직할 수 있을까. 실적이 좋지 않은데 이번에도 승진 대상에서 누락되면 어쩌나. 거래처에 큰 실수를 했는데 재계약을 해주지 않으면 어쩌나. 프로젝트를 야심차게 준비했는데 막상 생각대로 안 될 때 초조하고 조바심이 나는 등 일상생활과 앞날에 대한 막연한 걱정과 불안감은 누구에게나 존재한다. 그런데 운동선수는 일반인들보다 더 심한 불안감을 겪는다고 한다. 내가 상담했던 한 씨름선수의 고백은 안쓰러울 정도다.

"시합 10분 전에 몸이 슬슬 굳어지고 쥐가 나기 시작합니다. 남들에 비해 화장실에 부쩍 많이 가게 돼 창피할 지경입니다. 모래판에 들어서면 눈앞이 노랗고, 하늘을 올려다보면 하얗습니다. 시합 직전이 절정입니다. 온몸이 뻣뻣하게 굳고, 삑 하는 호각 소리 외에는 응원 소리, 감독님의 지시, 본부석 안내 등 모든 것이 마치 귀가 먹은 것처럼 들리지 않습니다."

운동선수가 겪는 불안은 우리가 일상적으로 마주치는 불안과 비교했을 때 단연 최고 수준이다. 4년 동안 준비한 올림픽에서도 피땀 흘린 4년의 결과는 너무나 순식간에 결판난다. 메달을 딴 선수는 인정받지만 그 외에는 모두 패배자다. 너무나 짧은 순간 4년의 결과가 결정되기에 선수들의 불안감과 긴장감은 어디에 비할 바가 없을 것이다.

이처럼 스포츠 선수는 정신적으로나 신체적으로 늘 이기거나, 지거나 하는 양극단의 상황과 싸우는 존재다. 매순간 지속되는 불안과 초조를 어떻게 극복하느냐에 따라 메달의 색깔이 달라지기도 한다. 개인 기량과 자질 모두 훌륭한 선수인데도 긴장감을 이기지 못해 패배하는 선수도 굉장히 많다.

원래 배짱이 두둑한 사람들도 간혹 있지만 대부분은 그렇지 않은 경우가 더 많다. 우리가 익히 알고 있는 유명 선수들, 박찬호 선수나 최경주 프로, 박태환 선수 역시 수많은 시행착오를 통해 성장해 왔다고 알려져 있다. 만약 그들의 재능과 기량에 '어떤 일에도 흔들리지 않는 차분한 마음과 자신감' 등이 결합되지 않았다면 과연 어땠을까.

나는 지금까지 20년 동안 스포츠심리학자이자 멘털 코치로 활동해 왔다. FC서울에서 귀네슈 감독의 초청으로 선수들의 상담을 맡을 당시만 해도 스포츠심리 상담에 대한 선수들의 인식은 극히 미미했다. 국내 첫 시도였기 때문이기도 하고, 개인이 마주치는 걱정과 불안을 누군가의 상담을 통해 쉽게 해소하리라는 생각을 미처 하지 못했기 때문일 것이다. 하지만 수차례 강연 후 선수들은 마음의 문을 열기 시작했고, 조용하게 나를 따로 찾아와 상담을 요청하는 선수들도 있었다.

다들 고민은 제각각이었지만 이유는 한 가지였다. 그것은 바로 '해내지 못할까봐 두렵다'는 자신감과 연결된 문제였으며, 시작도 하기 전에 실패를 걱정하는 '약한 마음' 때문이었다.

자신감이 충만한 선수들과 그렇지 못한 선수들은 각자의 기량은 엇비슷한 반면 배짱이 두둑한 선수들은 좋은 경기를 펼쳤다. 시합 걱정에 밤잠을 설치거나 고민이 많은 선수들은 시합 중 사소한 실수를 해도 금방 인상을 쓰거나 괴로워하며 시합을 좋게 이어가지 못했다. 이는 축구뿐만 아니라 테니스, 야구, 골프, 체조와 발레 등 다른 종목에서도 마찬가지였다.

나는 선수들을 상담할 때 늘 '무엇이 너를 방해하느냐'에 대한 근본적인 질문부터 했다. 연습량도 충분하고, 재능도 있는데 모든 일이 꼬이는 이유가 도대체 무엇인지에서부터 상담은 출발했다.

심리적으로 위축되지 않도록 자신감을 불어넣는 것과 무엇보다 경기에 집중할 수 있도록 도와주는 '마음 잡기'에 대한 명확하고 구체적인 방법이 필요했던 것이다.

이 책은 어떤 상황에서도 흔들리지 않고 실전에서 자신의 기량을 제대로 펼칠 수 있는 '강심장'을 완성하는 구체적인 마음 훈련의 방법들을 담고 있다. 강심장이 되기 위해서는 정신력과 심리적인 기술을 효과적으로 사용하는 것이 동반되어야 한다. 정신력이란 강심장의 에너지 차원으로 도전을 위한 '강력한 긍정의 힘'을 말한다. 잘 다져진 정신력의 바탕 위에서 구체적인 심리기술을 익혀 다양한 상황에서 제대로 발휘할 수만 있다면 우리는 원하는 결과를 얻을 수 있을 것이다.

이 책의 초판인 《강심장이 되라》가 출간된 지 벌써 3년이 지났고, 그동안 국내외 독자로부터 다양한 피드백을 받았다. 책의 힘이 매나 칼의 힘보다 세다는 사실을 새삼 느꼈다.

한 국가대표 선수는 이 책을 옆구리에 끼고 훈련장에 간다고 했다. 책 표지가 닳아 같은 책을 세 권이나 구입했다는 한 프로축구 선수도 있었다. 유럽에서 활약하는 젊은 피아니스트는 이 책을 보고 공연 불안을 극복하는 자신만의 전략을 완성했다고 했다. 한 정치인은 선거 유세에서 자신감과 집중력을 키우는 방법을 알았다는 메시지를 보내오기도 했다. 평소 훈련이 끝나고 매일 5분간 이 책을 보면서 마음을 다스린다는 선수도 있었고, 부상의 늪에서 헤어 나오기 힘들 때 이 책을 접하고 희망을 다시 쏘아 올렸다는 선수도 있었다. 한 지도자는 자신이 현역 선수 생활을 할 때 이런 책이 있었다면 당시에 더 큰 성과를 낼 수 있었다고도 전했다. 다양한 분야의 사람들에게 유용한 심리 지침서가 되어준 것 같아 기쁘다.

책을 개정하면서 구성에 큰 변화를 주었다. 그동안 이 책을 상황에 맞추어 활용하고 싶다는 독자들의 요청이 많았다. 그래서 활용도를 높일 수 있도록 책의 내용을 재배치했다. 구체적인 책 구성에 걸맞도록 책의 제목도 《강심장 트레이닝》으로 바꾸었다. 긍정의 마음을 키우고 이미지로 성공을 미리 그려보는 것으로 워밍업을 한 후, 이어 통제 가능성 트레이닝, 집중력 트레이닝, 자신감 트레이닝, 실전 대비 트레이닝, 성공을 습관으로 굳히는 트레이닝으로 강심장이 될 수 있는 구체적인 방법을 익히게 된다. 순차적인 강심장 트레이닝을 모두 마친 후에는 어느새 실전에서 최고의 기량을 발휘할 수 있는 승부사가 된 자신의 모습을 발견할 수 있을 것이다.

삶은 도전으로 가득 차 있다. 삶을 충만하게 살기 위해서는 여러 기술이 필요하다. 신발을 신는 기술, 현관문을 열고 나오는 기술, 계단을 내려가는 기술 등. 이런 일상적인 기술들은 우리가 특별히 의식하지 않아도 정확하게 사용된다. 생각의 기술도 이런 기술만큼 자연스럽고 정확하게 사용해야 한다. 계단을 내려갈 때 한 발씩 정확하게 내디뎌야 다음 계단으로 갈 수 있듯이 생각의 기술도 적재적소에 사용할 수 있어야 원하는 목표를 이룰 수 있을 것이다.

이 책이 신체적, 정신적으로 양극단에 서 있는 스포츠 선수들에게도 통용되는 방법인 만큼 불안에 맞서야 하는 다양한 상황에 처할 일반인에게도 많은 도움을 줄 수 있으리라 확신한다. 부디 이 책을 통해 불안 극복에 대한 자신만의 방법을 찾았으면 하는 작은 바람이다.

2015년 새로운 봄의 시작을 축하하며,
김병준

CONTENTS

Part 2 강심장을 위한 워밍업

01 내면의 긍정을 일깨워라

02 상상을 성공으로 연결시키는 이미지 연상법

Part 3 강심장 실전 트레이닝

01 통제 가능성 트레이닝

02 집중력 트레이닝

03 자신감 트레이닝

04 실전 대비 트레이닝

05 성공을 습관으로 굳히는 트레이닝

Part 1

당신은 강심장인가,
약심장인가

01

강심장은 불안을 기회로 만든다

시험을 앞두고 긴장될 때 오히려 공부가 잘된다는 사람이 많다.
긴장감이 있어야 프레젠테이션이 더 잘되고, 작업 오류도 줄어든다는 사람도 많다.
이들은 불안을 긍정의 에너지로 잘 사용하고 있다.

긴장, 피하는 것이
능사는 아니다

불안은 남에게 털어놓기 힘든 자신만의 외로운 경험이다. '앞으로 나는 어떻게 될까' '나는 잘 해낼 수 있을까'라는 자신과 미래에 대한 막연한 불안감. 생활과 사회 속에서 수없이 부닥치는 불안의 순간에 어려움을 겪지 않은 사람은 거의 없을 것이다.

일의 중요도에 비례해 불안은 더욱 높아지기도 한다. 그래서 정말 중요한 순간, 중요한 시험이나 시합에서 안타깝게도 실력 발휘를 못하는 사람이 주변에 꽤 많다. 너무나 안타까운 일이다.

그런데 불안은 애초에 나쁜 것이므로 낮추거나 아예 없으면 좋다고 생각하는 사람이 많다. 물론 불안이 나쁜 영향을 주는 것은 사실이다. 불안은 근심과 걱정을 일으키고 집중력을 떨어뜨린다. 불안하면 입이 마르고 손에 땀이 나며 심장도 빨리 뛴다.

하지만 어느 정도 불안한 것이 좋다는 사람도 많다. 약간의 긴장은 집중에도 도움이 된다는 것이다. 극도의 압박감과 긴장감을 이겨야 하는 운동선수가 그들이다. 엘리트 선수들은 압박감과 긴장감이 최고조에 달한 시합에서 늘 신기록을 세운다.

한국 양궁은 세계 최고를 유지한다. 10점을 쏘지 못하면 '놓쳤다'고 할 정도로 퍼펙트한 활쏘기가 필요하다. 양궁 국가대표의 시합을 보면 심리적으로 잘 무장된 것처럼 보인다. 하지만 금메달이 결정되는 순간에 선수들의 손은 마치 물에 담갔다 꺼낸 것처럼 땀에 푹 젖어 있다고 한다. 압박감 속에서 한 발 한 발 쏘았다는 증거다.

최고기록은 올림픽과 같은 세계적인 대회에서 나온다. 만약 불안과 긴장에 좋지 않은 에너지만 있다면, 큰 대회에 출전한 선수들은 모두 무너졌을 것이다. 그러나 뛰어난 운동선수들은 불안의 도움을 받아 매번 신기록을 세운다. 불안에는 나쁜 에너지뿐만 아니라 목표 달성에 도움을 주는 긍정의 에너지가 녹아 있는 셈이다.

1970년대 북미의 스포츠심리학자들은 메달리스트와 노메달리스트를 가르는 요인이 무엇인가를 연구했다. 올림픽에 출전한 선수라면 기술과 체력 수준은 엇비슷하다고 볼 수 있다. 더구나 메달 획득 여부가 달린 시합에 임한 두 선수라면 차이점보다는 유사점이 많을 것이다.

연구 결과에서 한결같은 사실이 드러났다. 메달리스트들은 불안을 경기력에 도움이 되는 방향으로 활용했고, 노메달리스트들은 불안을 실패로 쉽게 연결시켰다. 메달리스트들은 불안을 긍정의 에너지로 이용해 승리한 것이다. 불안을 자신에 대한 의심과 패배 이미지로 연계해 내적 고통을 증가시킨 노메달리스트들과는 큰 대조가 된다. 올림픽 대표 선발전에서 통과한 선수와 탈락한 선수를 대상으로 한 연구에서도 같은 결과가 나타났다. 선발전을 통과한 선수가 탈락한 선수에 비해 긍정의 마인드가 더 높았다.

불안을 얼마나 많이 느끼는가, 즉 강도는 큰 문제가 아니라는 주장이 최근에 주목을 받고 있다. 불안의 강도보다 얼마나 긍정적으로 해석하느냐가 훨씬 더 중요하다는 것이다. 불안은 어떻게 해석하느냐에 따라 수행에 방해가 될 뿐 도움이 되지 않는다고 보는 관점인 방해불안debilitative anxiety, 불안을 긍정적으로 해석하면 수행에 도움이 되는 긍정의 에너지가 될 수 있다는 개념인 촉진불안facilitative anxiety으로 나뉜다.

시험을 앞두고 긴장될 때 오히려 공부가 잘된다는 사람도 많다. 긴장감이 있어야 프레젠테이션이 더 잘되고, 작업 오류도 줄어든다는 사람도 많다. 이들은 불안을 긍정의 에너지로 잘 사용하고 있는 사람들이다. 반면 시험을 칠 때 너무 불안해 갑자기 머릿속이 깜깜해져 시험을 망쳤다는 사례도 있다. 이는 불안을 부정적으로 해석했기에 불안이 수행을 방해한 것이다.

내가 코칭하는 선수들 중에 기술 수준이 높은 집단, 즉 실력이 뛰어날수록 불안 증상을 보다 긍정적으로 해석하는 경향을 보였다. 반면 기술 수준이 낮은 집단은 불안이 수행에 방해가 되며 도움이 되지 않는다고 생각하는 경향이 많았다. 기량이 뛰어난 사람일수록 불안의 도움효과를 높이 평가하는 것이다.

뛰어난 선수들은 불안이 결코 없애거나, 낮출 대상이 아닌 승리에 도움을 주는 긍정 에너지라는 것을 잘 알고 있다. 평소 불안감 때문에 일을 그르치거나 실패했다고 생각했던 사람이라면, 역으로 불안을 성공으로 연결할 수 있는 방법 또한 있다는 것을 알아야 한다.

불안에도 개인차가 있다

몸에서 나타나는 불안 반응은 사람에 따라 차이가 있다. 심장 박동과 호흡이 빨라지고 근육이 굳기도 한다. 속이 거북해지는 사람도 있다. 소변이 자주 마려워 화장실을 들락거리기도 한다.

입이 바싹 마르거나 목소리가 떨린다는 사람도 있다. 맥이 탁 풀리기도 한다. 졸리다는 사람도 있다. 손에 땀이 차고 등에서 식은땀이 흐르기도 한다. 앞이 캄캄해지거나 무엇을 해야 할지 우왕좌왕하기도 한다. 심지어 몸에 귀신이 들어온 것 같은 통제 상실감을 겪기도 한다.

그런데 흥미로운 사실은 불안한 상황에서 하품을 하는 사람도 꽤 많다는 점이다. 몇 년 전에 골퍼가 마지막 홀에서 착지된 공의 위치 또는 상태인 라이lie를 읽는 장면이 화면에 잡혔다. 그런데 자신의 퍼팅 순서가 다가오자 갑자기 하품을 하는 것이다.

해설자는 "이 선수 정신력 대단합니다. 지금 하품을 할 정도로 여유를 보이고 있어요. 타고난 정신력입니다"라고 말했다. 하품 또한 이 선수의 불안 반응임을 몰랐던 것이다.

불안 반응에도 개인차가 존재한다는 점은 모두에게 중요한 정보다. 이는 조직을 이끄는 리더에게도 중요한 정보로 작용한다. 항상 크고 작은 불안이 공존하는 사회생활에서 불안에 대해 정확히 파악하는 것은 사회인에게 필수 사항이다. 극도의 불안으로 부하 직원이 하품을 하는데 정신을 차리지 않는다고 상사가 뺨을 때리기라도 하면 어떻게 되겠는가?

몸에 나타나는 불안 증상

실패 걱정과 불확실성은 편도체를 자극해 몸에서 불안 반응을 일으킨다. 다음 그림과 같이 몸에 나타나는 불안 증상을 신체불안somatic anxiety이라고 한다. 머릿속의 불안 증상인 인지불안cognitive anxiety과 구분된다. 인지불안은 수행에 나쁜 영향을 주지만 적당한 신체불안은 수행에 도움이 된다.

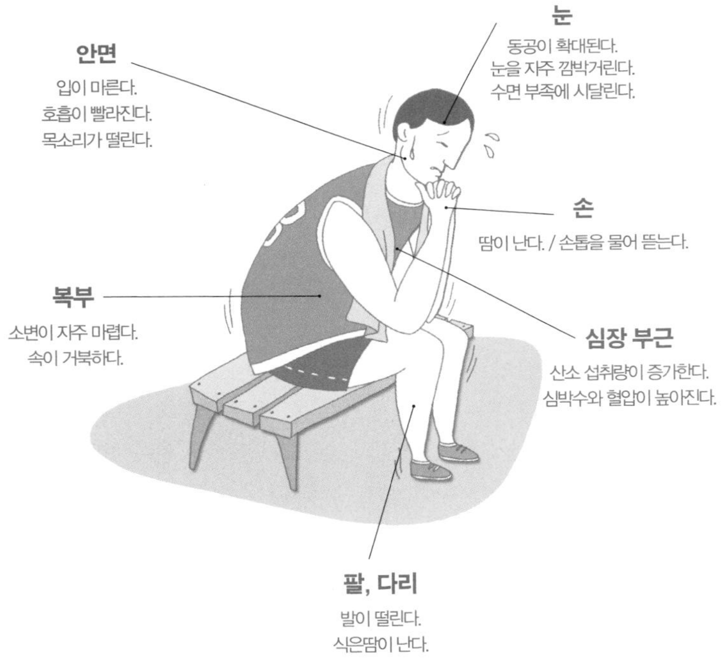

당신은 불안을 어떻게 극복하는가

불안을 즐기는 수준에 도달하는 것은 모든 선수의 꿈이다. 2008년 베이징 올림픽 수영 400미터 금메달리스트인 박태환 선수도 불안과 힘겹게 싸워야 했다. 2004년 아테네 올림픽 400미터 자유형 출발대에 선 박태환의 다리는 심하게 후들거렸다. 준비신호를 출발신호로 착각할 정도로 긴장했고, 준비신호가 울리자 몸이 떨려 저절로 입수하는 실수를 범했다. 4년간의 노력이 물거품이 되고 박태환은 실격 처리됐다. 4년 후 박태환은 달라졌다. 베이징 올림픽 400미터에서는 당당히 금메달을 목에 걸었다. 그는 헤드폰을 끼고 좋아하는 음악을 들으며 출발을 준비했다. 4년 전의 악몽을 이기기 위해 자신만의 집중법을 만든 것이다.

시합 결과의 불확실성, 승리에 대한 압박감, 실수 부담감은 선수들에게 상상하기 힘든 불안을 안겨준다. 아무리 체력과 기술이 좋다고 해도 불안을 피하기는 힘들다. 오히려 불안을 극복하는 노하우를 터득해야만 체력과 기술을 제대로 발휘할 수 있다.

자신만의 노하우로 긴장감을 극복한 박태환 선수처럼 스포츠 스타가 훈련과 시합에서 시행착오를 거치면서 터득한 불안 극복 전략에는 그만의 땀과 노력이 배어 있다. 당신은 어떤 방법으로 일상에서 마주치는 불안을 극복하는가? 아래 예시를 통해 불안 극복 스타일을 파악해보자.

릴랙스형 일단 몸 상태를 안정적으로 만들어야 일이 풀리는 형이다. 릴랙스 상태가 긴장 상태보다 신속한 반응에 도움이 된다. 릴랙스 상태는 집중력 발휘에도 좋다. 몸에 땀이 약간 날 정도로만 운동을 하거나, 평소 좋아하는 음악을 들으면 릴랙스 반응이 나온다.

루틴 실천형 나만의 준비 루틴을 철저히 지키면 불안에 마음을 빼앗기지 않는다. 루틴routine이란 습관적으로 하는 일정한 행동 절차를 뜻한다(3부 5장 참조). 우수한 선수는 독특한 루틴을 갖고 있고, 이를 일관성 있게 지킨다. 축구선수는 킥을 할 때, 배구나 테니스 선수는 서브할 때 자신만의 루틴을 따른다.

초월형 지금까지 겪었던 힘든 시간을 떠올리면서 절대적 힘을 가진 존재에게 결과를 맡기는 것도 불안 조절에 도움이 된다. 기도하는 선수가 많은 이유도 여기에 있다. 부모님을 떠올리면 힘이 된다는 선수도 많다. 금메달이 결정되는 마지막 한 발을 쏘기 직전 부모님 얼굴을 떠올리고 10점을 쏜 국가대표 선수도 있다.

견주기형 자신이나 상대나 시합 전에 불안하긴 마찬가지다. 상대가 나보다 잘하거나 못하거나 관계없이 서로 같은 입장이라고 생각한다. 상대에게 뒤질 것이 없고, 내가 상대보다 잘하는 것이 얼마든지 가능하다고 생각한다.

자기암시형 시합 직전에 자신에게 힘을 주는 자기암시로 불안을 다스리는 유형이다. "너는 최고야, 할 수 있어, 1분이면 끝나, 넌 해낼 수 있어"라고 자기암시를 한다. 자기암시와 함께 눈을 감고 시합을 성공적으로 끝내는 장면을 떠올리면 더 효과가 좋다.

선제공격형 매도 먼저 맞는 게 낫다는 말이 있다. 시합이 시작되자마자 불안을 떨치기 위해 상대방을 먼저 공격한다. 선제공격은 몸의 감각을 올리고 몸의 긴장을 푸는 효과가 있다. 시합 직전 최고로 상승하는 '신체불안'의 에너지를 역으로 이용하는 스마트한 불안 극복 전략이다.

토킹형 동료와 대화를 하면 불안의 흐름을 끊을 수 있다. 동료에게 현재 상황을 함께 의논한다. 동료와 이야기하면 막연한 불안은 사라지고, 집중할 수 있다.

멘털 리허설형 시합에 앞서 이미지를 먼저 그려보는 멘털 리허설mental rehearsal이란 감각을 동원해 마음속으로 시합의 과정을 미리 체험하는 심리적 준비과정을 말한다. 실제 시합과 유사하게 느끼는 것이 중요하다. 상대의 장단점을 분석하고 자신의 몸 컨디션을 조절한다. 평소 연습 때 실전을 가상하고 실전 같은 이미지 트레이닝을 한다.

격려믿음형 리더의 격려는 불안을 이기는 데 큰 힘이 된다. "연습한 만큼만 하자" 또는 "너는 근성이 있어 잘할 수 있을 거야"라는 한 마디는 흔들리는 선수의 마음을 붙잡기에 충분하다. 주변에서 응원과 격려를 보내주는 사람을 생각하면 포기해서는 안 된다는 생각에 정신이 번쩍 든다는 선수가 많다.

불안도 성공 에너지가 될 수 있다

평소 불안을 얼마나 많이 느끼는가는 크게 중요하지 않다. 불안을 많이 느껴도 모두 긍정적인 것으로 해석할 수 있다면 수행에 도움이 되기 때문이다.

하지만 작은 불안이라도 나쁜 방향으로 해석하면 부정적인 작용이 눈덩이처럼 불어난다. 긴장이 심한 상태에서 얼굴이 붉어졌을 경우 이를 의식하기 시작하면 얼굴에 더 심하게 열이 오르는 것과도 비슷하다.

불안은 크게 인지불안과 신체불안 두 가지로 나뉜다. 인지불안은 근심, 걱정, 우려와 같은 머릿속 불안을 의미하고, 신체불안은 심박수 증가, 근육 경직, 손에 땀이 나는 것과 같은 증상이다.

다음에 제시된 문항으로 현재 자신이 불안을 얼마나 느끼는지, 그리고 그 불안을 어떻게 해석하는지 간단히 체크해보자.

당신은 현재 불안감을 얼마나 느끼고 있는가?
(불안의 강도 측정)

전혀 아니다 1점, 약간 그렇다 2점, 상당히 그렇다 3점, 아주 많이 그렇다 4점

항목	점수
1. 앞두고 있는 일에 신경이 쓰인다.	
2. 잘 못할까봐 걱정된다.	
3. 목표를 달성하지 못할까봐 걱정된다.	
4. 초조하다.	
5. 과도하게 몸이 민감해진다.	
6. 자꾸 긴장된다.	
인지불안의 강도(1,2,3번을 합한 점수)	
신체불안의 강도(4,5,6번을 합한 점수)	

당신은 현재 불안을 어떻게 해석하는가?
(불안의 해석 측정)

아주 방해된다 –3점, 상당히 방해된다 –2점, 약간 방해된다 –1점,
중립 0점, 약간 도움이 된다 1점, 상당히 도움이 된다 2점, 아주 도움이 된다 3점

항목	점수
1. 앞두고 있는 일에 신경이 쓰인다.	
2. 잘 못할까봐 걱정된다.	
3. 목표를 달성하지 못할까봐 걱정된다.	
4. 초조하다.	
5. 과도하게 몸이 민감해진다.	
6. 자꾸 긴장된다.	
인지불안의 해석(1,2,3번을 합한 점수)	
신체불안의 해석(4,5,6번을 합한 점수)	

(+점수는 촉진불안, –점수는 방해불안)

불안에 대한 체크리스트는 절대적인 판단 자료가 아니라 현재의 상태를 점검해보는 수준이니 일단 참고만 하자.

발표나 시험이 임박한 상황을 가정하고 인지불안 강도 점수가 9점을 넘으면 평균 이상에 해당한다. 신체불안 강도 점수도 9점이 넘으면 높은 편에 속한다.

중요한 것은 그 아래에 있는 해석 점수다. 인지불안 해석과 신체불안 해석 점수가 플러스 값이 나오면 불안을 나름대로 긍정적으로 해석하는 편이라고 볼 수 있다. 마이너스 값이 나왔다면 불안 속에서 긍정 에너지를 찾는 방법을 익힐 필요가 있다.

이처럼 불안은 해석하기에 따라 부정적이거나 긍정적인 것이 될 수도 있다. 우리가 불안을 얼마나 심하게 느끼고 있는가(강도)보다는 불안을 어떤 식으로 받아들이는가(해석)가 더 중요한 문제라는 것이다. 불안을 긍정적으로 해석하는 습관을 들일 수 있어야 수행에 방해가 되는 막연한 불안과 초조감을 극복할 수 있다.

무엇보다 불안 증상을 긍정적으로 해석할 수 있어야 한다. 호흡이 가빠지면 활력이 충전됐다고 생각해보자. 긴장된 것도 몸이 굳었다기보다 기민함이 좋아졌다고 생각한다. 불안에 포함된 에너지를 동기유발의 힘으로 바꾸는 것이다.

둘째로 초조와 공포를 분투와 끈기의 긍정적 느낌으로 바꾸어보자. 불안도 일종의 에너지다. 부정적 느낌과 연결하면 부정적 에너지가 되고, 긍정적 느낌과 연계하면 긍정적 에너지가 된다.

셋째로는 불안을 즐길 수 있어야 한다. 불안하고 긴장될 때 잘되는 일도 있다. 불안을 회피하기보다는 속성을 잘 이해하고 즐기려고 노력한다. 즉 어느 정도 불안해야만 제 실력이 나온다.

마지막으로 불안의 유효기간을 설정할 수 있어야 한다. 시험 전후 몇 시간, 발표 전후 몇 분, 입사 후 몇 개월 등으로 유효기간을 정하고, 그 기간에 불안을 회피하지 않고 적극적으로 극복하겠다는 계획을 세우자. 이는 불안을 긍정 에너지로 활용하는 자신만의 전략을 찾는 데 도움이 될 수 있다.

촉진불안과 방해불안

불안이 반드시 나쁜 것만은 아니다. 불안 속에는 긍정 에너지도 숨어 있다. 물론 스트레스(불확실성, 위협)는 불안을 유발하는 원인이다. 하지만 스트레스가 있더라도 목표를 달성할 수 있고, 적절히 대처할 수 있다고 예상하는 것과 그렇지 못하는 것 사이에는 큰 차이가 있다. 스트레스를 어떻게 해석하는가가 그만큼 중요한 것이다.

'나는 반드시 목표를 달성할 수 있고, 또 불안도 이길 수 있다'고 생각하면 아무리 불안해도 쉽게 흔들리지 않는다. 즉 불안 속에서 긍정 에너지를 찾는 데 성공하고, 불안을 익사이팅 에너지로 활용하게 된다(촉진불안facilitative anxiety). 반면 목표 달성에 대한 생각이 애초부터 부정적이라면 불안은 부정적으로 해석되며, 곧 밀려오는 불안을 이기지 못하고 제 실력을 발휘하지 못하는 길로 빠져든다(방해불안 debilitative anxiety).

불안은 아무리 강도가 크더라도 긍정적으로 해석하면 익사이팅 에너지가 될 수 있다. 최고로 불안한 순간에 최고의 기록이 나오는 이유가 여기에 있다.

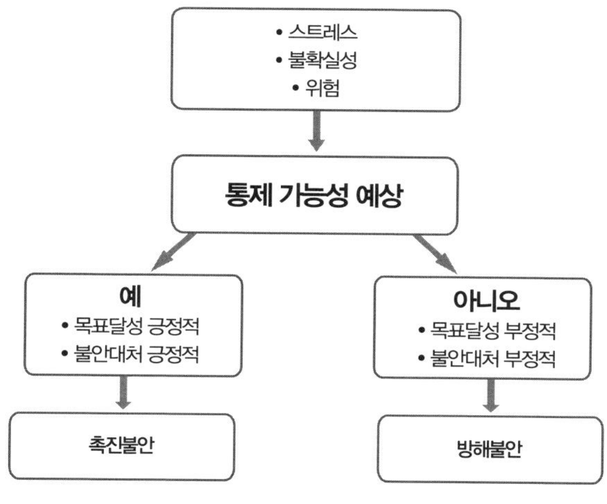

나에게 딱 맞는 최적의 에너지 존이란

불안을 만드는 근본적인 에너지를 각성이라 한다. 각성arousal은 우리 몸이 전반적으로 얼마나 활성화돼 있는가, 신경계가 얼마나 민감하게 동원되는가를 말한다. 각성이 가장 낮은 수준은 깊은 잠에 빠진 상태며 가장 높은 수준은 패닉 상태다. 행동을 일으키는 에너지 수준energy level, 또는 활성activation과 같은 의미로도 사용된다.

불안에는 일정 수준의 각성이 포함돼 있다. 따뜻한 창가에서 졸고 있을 때 우리 몸의 에너지 수준은 낮다. 각성이 아주 낮은 상태다. 반면 극도의 공포 상황에서는 에너지 수준이 최고로 높아진다. 최고의 각성 상태다.

각성이 높아짐에 따라 주의집중에도 변화가 나타난다. 각성이 낮으면 불안도 존재하기 어렵다. 불안이 성립되려면 에너지 수준이 어느 정도 높아야 한다. 불안을 느끼는 사람이 잠을 제대로 못 자는 것도 에너지 수준이 높기 때문이다.

에너지 수준과 주의집중은 밀접한 관련이 있다. 에너지 수준이 높아짐에 따라 주의집중의 폭이 점차 좁아지는 현상이 나타난다. 에너지 수준이 지나치게 높으면 집중의 폭이 과도하게 좁아져 필요한 정보도 놓치게 된다. 시험 때 긴장하면 침착하게 필요한 정보에 집중하지 못하고 생각이 굳어버리는 것이다. 그래서 공부한 것도 떠오르지 않아 시험을 망친다.

수영 시합 때 준비신호를 출발신호로 잘못 들어 실격하는 것도 주의 폭이 좁아진 것으로 볼 수 있다. 주의의 폭이 너무 좁아지면 시선이 방황하게 되고 중요한 정보의 일부를 놓치기 때문에 실수가 일어날 수밖에 없다.

집중에 도움이 되는 적당한 긴장 에너지 수준이 적당하면 중요한 정보에만 집중하고 불필요한 정보는 배제하는 최적의 집중상태를 보인다. 이처럼 적당한 긴장은 집중에 도움이 된다.

반면에 에너지 수준이 지나치게 낮으면 집중의 폭도 넓어진다. 수행에 도움이 되는 정보뿐만 아니라 불필요한 많은 정보도 함께 들어온다. 필요한 것에만 집중해야 하는데 도움이 되지 않는 정보에까지 신경을 쓰고 있는 것이다. 긴장이 안 될 때는 이런저런 쓸데없는 생각이 자주 들기도 한다. 괜히 불필요한 정보에 신경을 쓰

주의집중 정도와 정보 수용 관계 (－ 불필요한 정보　＋중요한 정보)

주의집중의 폭이 좁아져 중요한 정보의 일부를 놓치는 상태

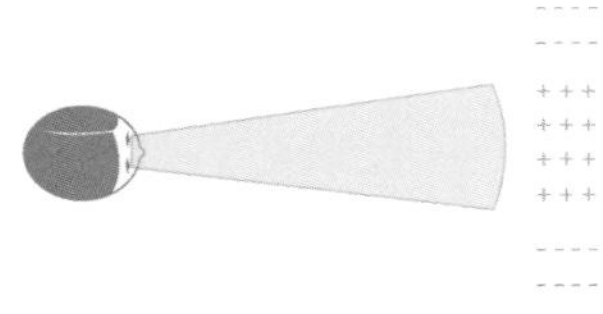

중요한 정보에만 집중하고 불필요한 정보는 무시하는 최적의 주의집중 상태

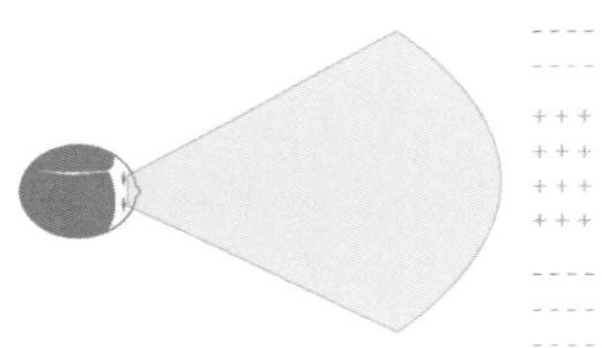

주의집중의 폭이 지나치게 넓어 중요한 정보와 불필요한 정보 모두에 집중하는 상태

느라 필요한 곳에 제대로 집중하지 못하는 것이다.

따라서 우리는 어떤 상황에서도 수행하는 일에 잘 맞도록 에너지 수준을 조절할 필요가 있다. 공부를 할 때 에너지 수준이 지나치게 낮으면 공부에 방해되는 것에 신경을 쏟게 된다. 거실 TV의 드라마 소리가 들리기도 하고, 어제 친구와 놀았던 기억도 떠오른다. 며칠 전 친구와 다퉜던 일도 생각나고, 곧 마음이 불편해진다. 공부할 때는 적당히 긴장된 상태, 즉 적절하게 에너지 수준을 높여야 현재의 공부에만 집중할 수 있다.

이는 스포츠에서도 마찬가지다. 에너지 수준은 종목에 따라 달라질 수 있어야 한다. 정확하게 활을 쏴야 하는 양궁에서는 에너지 수준을 낮게 유지하는 것이 좋다. 너무 긴장하면 실수하기 쉽기 때문이다.

순간적으로 최대 파워를 내야 하는 역도는 다르다. 한순간에 모든 에너지를 끌어올려야 하기 때문에 에너지 수준을 가능한 한 높여야 한다. 역도 지도자가 가끔 선수의 볼을 툭툭 쳐주는 것도 선수의 에너지 수준을 높이려는 조치다.

한편 한 종목에서도 포지션이나 상황에 따라 에너지 수준을 바꿀 수 있어야 한다. 농구를 할 때는 에너지 수준이 지나치게 높으면 패스 미스가 난다. 패스를 하는 순간의 에너지 수준은 적당해야 하고, 리바운드를 노릴 때는 에너지 수준을 높여야 한다. 야구에서도 마찬가지다. 도루를 시도할 때는 에너지 수준을 최대로 끌어올려야 한다. 하지만 투수는 에너지 수준을 적당히 낮춰야 성공률이 높아진다.

사격과 스키가 복합된 바이애슬론이란 종목이 좋은 예다. 스키를 타고 빠르게 질주하다 사격을 해야 하는 종목이다. 표적을 놓치면 페널티가 주어지므로 집중을 잘해야 한다. 바이애슬론을 잘하려면 에너지 수준을 잘 바꿔야 한다. 스키를 탈 때는 에너지 수준을 높이고, 사격할 때는 낮춰 침착함을 유지하는 것이 좋다.

이처럼 생활 속에서도 자신에게 맞는 최적의 에너지 수준을 찾을 수 있으면 집중에 큰 도움이 된다. 불안 관리도 덤으로 따라온다. 어떤 일을 할 때 자신에게 맞는 최적의 에너지 수준 찾기는 과거에 그 일을 잘했던 기억을 되살리는 것에서 시작한다.

일단 과거에 어떤 일을 잘 해냈을 때를 회상해보자. 그 당시 중요한 정보에만 집중하고 불필요한 정보는 배제했던 상황을 상상한다. 아마도 필요한 곳에만 주의를 집중하고 주의 방해 요인은 잘 차단했을 것이다. 그 순간에 에너지 수준이 어느 정도였는지를 기억해보자. 당시에 자신이 침착한 상태였는지 약간 들뜬 상태였는지 등 나의 에너지 수준을 가늠해본다. 약간 들뜬 상태여야 일을 잘하는 사람이 있을 수 있고, 아주 침착한 상태여야만 일을 잘 해내는 사람이 있다. 즉 어떤 일을 잘했을 때 개인에게는 자신에게 딱 맞는 최적의 에너지 수준이 존재한다는 의미다. 그 수준을 유지할 수 있다면 앞으로 마주칠 많은 일은 성공할 가능성이 높아진다.

성공을 유도하는 에너지 존zone을 스포츠심리학에서는 최적수행존zone of optimal functioning이라 부른다. 이는 최적의 수행을 발휘하기 위한 에너지 수준은 개인마다 다르다는 이론이다. 개인마다 성공 가능성을 높여주는 존이 존재하며, 그 존에 있을 때 최고의 기량이 발휘된다고 본다. 핀란드의 세계적 스포츠심리학자 유리 하닌Yuri Hanin이 제안했다.

보통 어떤 일에 무아지경에 빠질 정도로 몰두하는 최적의 심리 상태를 보일 때 존zone에 빠졌다고 말하기도 한다. 마라토너는 달리는 도중 존에 빠지기도 하고, 회사원의 경우 업무에 집중할 때 존에 빠지기도 한다. 주부가 뜨개질을 하면서, 혹은 친구와 대화하면서 존에 빠지는 경우도 많다.

에너지 수준이 적당하면 불필요한 정보는 차단하고 중요한 정보에만 주의를 집중할 수 있다. 적당한 에너지 수준은 존에 빠질 가능성을 높여준다.

우리는 성공할 수 있는 자신만의 고유한 최적수행존이 존재하므로 이를 찾을 수 있어야 하고, 또 조절과 유지 방법도 갖고 있어야 한다. 최적수행존을 찾는 간단한 절차는 아래와 같으니 참고하자.

* 최근 성공적으로 일을 수행한 때를 회상한다. 최고로 좋은 성과를 냈던 순간을 떠올려본다.
* 그 당시 에너지 수준은 어느 정도였는지 떠올리자. 약간 흥분되었는지 아주 침착했는지 에너지 수준을 파악한다. 그때의 에너지 수준을 0에서 10까지 숫자나 나만 알 수 있는 적당한 단어로 적어보자. 이것이 자신의 최적수행존이다.

* 다음으로 당시의 에너지 수준은 어떻게 만들어졌는지 회상한다. 어떤 행동, 어떤 생각, 어떤 느낌으로 그 에너지 수준에 이를 수 있었는지 적어보자. 이렇게 했더니 그 에너지 수준에 이를 수 있었다는 식으로 쓴다.
* 최적수행존을 알면 다음에도 그 수준을 기억해 재생할 수 있어야 한다. 중요한 일을 앞두고 항상 자신의 에너지 수준을 최적수행존에 맞추는 나만의 절차를 만들어보자.
* 에너지 수준이 낮을 때 이를 높이는 방법을 알고 있는가? 또 지나치게 높으면 낮추는 방법도 알고 있는가? 크게 심호흡을 세 번 한다든가, 왼쪽 가슴을 가볍게 두 번 치는 등 에너지 수준을 낮추고, 높이는 나만의 방법을 적어보자.

최상 체험의 순간

뛰어난 운동선수들은 운동 중에 집중이 고도로 잘되고, 힘을 들이지 않고도 저절로 좋은 성과를 내거나, 최고의 기량이 발휘되는 순간을 체험한다. 이는 '존'에 빠졌다고 하는 순간인데, 존에 빠지면 힘들이지 않아도 저절로 최고의 수행 성적을 올릴 수 있다.

신기록을 경신한 선수의 대부분은 '존'에 빠지는 최상 체험을 한 것으로 알려져 있다. 아주 독특하면서 강력한 내적 동기를 끌어내는 체험이다. 이는 운동선수뿐 아니라 어떤 일을 즐겨 하면서 좋은 성과를 내는 사람이라면 한 번쯤 체험했을 것이다. 다음은 최상 체험을 하는 순간 느낄 수 있는 감정의 상태다.

- 두려움이 없다.
- 수행에 고도로 몰입한다.
- 현재 동작에 최고로 집중한다.
- 완벽한 통제감, 장악력을 느낀다.
- 시간이 느리게 또는 빠르게 간다.
- 힘들이지 않아도 저절로 완벽한 동작이 나온다.
- 감정, 생각, 각성을 완벽하게 조절한다.
- 재미있다.

그렇다면 어떻게 하면 이런 순간을 자주 경험할 수 있을까? 평소 에

너지 수준이 과도하게 높거나 불안감이 있다면 최상의 체험에 방해를 받는다.

일상생활이나 직장, 학교에서 고도로 몰입해 힘들이지 않고 저절로 일이 되게 하는 최상 체험의 조건을 만들면 어떤 일의 실패 확률이 낮아진다. 다음은 최상의 체험을 이끌어내는 기본 조건들이다.

- **자신감이 넘치고, 긍정적인 태도를 갖는다.**
- **미리 준비한 계획대로 따른다.**
- **신체적으로 완벽하게 준비한다.**
- **에너지 수준을 적당하게 끌어올린다.**
- **수행에 대한 적절한 동기를 찾는다.**
- **강요하지 않는다.**
- **동작에 집중한다.**
- **최적의 환경 조건을 갖춘다.**
- **동료와 팀워크를 발휘한다.**
- **일 그 자체를 즐긴다.**

최상의 체험을 자주 하는 사람일수록 자신감이 높고, 스스로 유능하다고 생각하며, 불안감을 그다지 느끼지 않는다. 이는 '해낼 수 있다, 힘들지 않다'와 같은 자기암시와도 긴밀하게 연결돼 있다. 힘든 일임에도 불구하고 힘들이지 않고 저절로 좋게 이루어지는 현상은 그 자체만으로도 특별하다.

감정 상태는 순간 전환이 가능하다

우리가 가진 에너지에 유쾌와 불쾌의 감정이 결합되면 에너지는 다양한 느낌으로 변신하기도 한다. 에너지가 높은 동시에 유쾌한 감정, 신나면서 열정적인 감정 상태를 익사이팅이라 부른다. 한편 높은 에너지 수준에 불쾌한 감정이 결합되면 이는 곧 불안으로 변한다.

공포와 패닉도 에너지 수준이 높은 상태에서 불쾌한 감정이 결합해 나타나는 감정이다. 익사이팅은 불안은 유쾌한 것, 불쾌한 것으로 느낌이 크게 대조되지만 에너지가 강할 때 받는 느낌이라는 공통점을 갖고 있다.

에너지 수준이 낮을 때를 보자. 낮은 에너지에 유쾌한 감정이 결합되면 기분 좋은 이완, 즉 릴랙스함을 느낀다. 에너지가 낮을 때 불쾌한 감정이 결합되면 우울함이나 지루함이 느껴진다. 이는 불안함을 느끼는 것만큼 에너지 수준이 높지는 않지만 기분 나쁜 체험이다. 재미있는 점은 우울함과 릴랙스 상태는 서로 느낌은 다르지만 에너지 수준이 낮다는 공통점이 있다는 것이다.

누구나 불안은 피하고 싶어 한다. 하지만 흥분되고 즐거운 감정은 누구나 기대한다. 가장 최근에 그런 체험을 한 적이 있는지 생각해보자.

에너지 수준과 감정의 관계를 설명하는 흥미로운 이론에는 에너지 수준을 어떻게 해석하느냐에 따라 유쾌와 불쾌가 결정된다는 이론인 전환이론reversal theory이 있다. 이는 에너지 수준이 높은 상태에서는 유쾌할 수도 있고, 불쾌한 불안을 겪을 수도 있다는 이론이다. 에너지 수준이 낮은 것도 해석하는 방식에 따라 유쾌한 이완이 되거나 불쾌한 우울 또는 지루함이 되기도 한다.

즉 전환이론은 에너지 수준이 높은가 낮은가보다 이를 어떻게 받아들이느냐에 따라 감정이 판이하게 달라짐을 말해주는 이론이다. 그렇다면 감정 상태를 순간적으로 전환하는 것은 가능할까. 전환이론의 주장은 흥미를 더한다. 불안과 익사이팅은 에너지 수준을 해석하는 방식이 정반대이기 때문에 다른 쪽으로 변환하는 트랜스폼이 얼마든지 가능하다는 것이다.

다시 말해 불안도 한순간에 익사이팅으로 바뀔 수 있다. 우울과 지루함도 이완으로의 변신이 가능하다는 뜻이다. 이는 지금껏 불안, 초조로 고생한 사람들에게 희망을 주는 이론이다. 불안이 한순간 익사이팅한 감정으로 전환된다는 증거를 찾는 것은 어렵지 않아 보인다. 이는 암벽등반, 패러글라이딩, 스쿠버다이빙, 번지점프 등 모험 스포츠를 해본 사람이라면 아마 공감할 것이다. 시작하기 전에는 한없이 불안해도 막상 시작하면 짜릿하고 유쾌한 기분이 전신에 퍼지는 것처럼 전환이론은 이와 같은 체험을 설명하기에 좋다.

전환이론(reversal theory)

에너지 수준(각성)이 높은 것을 긍정적으로 해석하면 익사이팅이 되지만 부정적으로 해석하면 불안이 된다. 에너지 수준을 해석하는 스타일에 따라 유쾌와 불쾌의 감정이 결정된다.

강심장들은 에너지 수준을 해석하는 스타일에서 평범한 사람과 큰 차이가 있다. 이들은 높은 에너지 수준, 즉 긴장감과 압박감을 긍정적인 것, 즐거운 것으로 받아들이는 경향이 강하다. 긴장감은 더 이상 스트레스가 아니다. 오히려 그런 긴장감을 즐긴다는 선수도 있다.

"저는 긴장하지 않으면 점수가 나오지 않아요. 긴장되는 시합이 오히려 좋고 스코어도 잘 나옵니다"라고 말하는 선수도 있다. 불안과 긴장감의 에너지를 긍정적으로 해석한 좋은 예다.

시합에서 어떤 느낌을 체험했는지 시합 종료 24시간 이내에 인터뷰를 한 연구에서도 비슷한 결과가 나왔다. 평균보다 좋은 기록을 낸 선수들의 30퍼센트는 시합이 유쾌했다고 답한 반면, 평균보다 낮은 기록을 낸 선수들은 14퍼센트만이 동일한 대답을 했다. 동일한 시합을 하면서도 불안과 익사이팅의 체험이 엇갈리는 것이다.

에너지 수준이 높아지는 것을 부정적으로 해석하지 않는 것이 중요하다. 부정적으로 해석하면 불안이 되지만 긍정적으로 해석하면 익사이팅의 에너지가 된다. 심박동이 빨라지는 것, 손에 땀이 나는 것, 근육이 긴장되는 것을 느끼고 불안하다고 생각하면 더 불안해진다. "아자" "파이팅"을 외치면서 심박동이 빨라지는 것, 손에 땀이 나는 것, 근육이 긴장되는 것을 긍정적으로 해석해보자. 준비가 충분히 된 것이라고 생각하는 순간 불안은 익사이팅으로 전환된다.

긴장, 압박감, 불안감과 싸워야 하는 많은 사람에게 전환이론은 기분 좋은 메시지를 전한다. 에너지 수준은 해석하는 스타일에 따라 불안이 될 수도 있고, 익사이팅이 될 수도 있다. 낯선 고객을 만나 매출을 올려야 하는 보험사 직원들은 자신감의 구호를 외치면서 불안을 익사이팅으로 전환시키기도 한다.

공포감을 주는 높이에서 몸을 날려야 하는 유격훈련에서도, 번지점프와 같은 상황에서도 불안을 익사이팅으로 전환시키는 사람이 많다. 시합 직전 불안감이 높아진 선수는 선제공격을 통해 불안을 익사이팅으로 바꾸기도 한다. 불안과 익사이팅의 순간 전환은 자신이 결정을 내리기만 하면 얼마든지 가능한 일이다.

최악의 패닉 상태에서 벗어나는 법

불안에도 영역이 있다. 중요한 일을 앞두고 막연하게 걱정하는 머릿속 불안을 인지불안이라 한다. 몸에 증상으로 나타나는 불안을 신체불안이라고 한다. 인지불안과 신체불안을 구분하면 불안에 대한 대처법을 찾기에 유리하다.

인지불안과 신체불안은 서로 다른 얼굴을 하고 있다. 중요한 일을 앞두고는 인지불안이 먼저 작동한다. 시험을 앞두고 있다면 머릿속에서 시험을 잘 봐야 하고, 시험에서 떨어지면 큰일이라는 걱정이 시작된다. 시험 결과에 대해 긍정적인 확신이 들 때까지 인지불안은 계속된다.

시험을 2주 정도 앞두고 인지불안이 작동하는 시기에는 심장박동이 빨라지거나 입이 마르는 것과 같은 신체불안 반응은 나타나지 않는다. 그저 시험 결과에 대해 막연히 걱정하는 머릿속 불안만

이 강하게 나타난다.

신체불안은 조건반사적으로 시작된다. 시간적으로 급속히 진행되고 강도도 매우 강하다. 인지불안이 은근하게 지속되는 특성이 있다면 신체불안은 강렬하게 타다 수그러진다.

신체불안은 시험 장소에 도착하면서 시작된다. 감독관과 다른 수험생, 그리고 낯선 시험 장소가 눈에 들어오면서 몸에서 불안반응이 나타난다. 손에 땀이 나고 심장박동이 빨라지며 입도 탄다. 속이 거북해지기도 하고 화장실에도 가야 한다. 신체불안은 시험 시작 종소리와 함께 더 높아지고, 시험지가 배부되는 순간 극에 달한다. 알지 못하는 문제가 먼저 눈에 들어오기라도 하면 심장은 더 쿵쾅거리고 손과 발이 떨리기도 한다.

하지만 문제를 일단 풀기 시작하면 신체불안은 급속도로 안정상태로 접어든다. 인지불안은 그때까지도 큰 변화 없이 유지된다. 시험을 잘 봤다고 안심하는 순간 인지불안은 낮아진다. 중요한 일을 앞두고 자신의 인지불안과 신체불안이 어떻게 작동하는지를 모니터링하면 이후에 좀 더 침착하게 대처할 수 있다.

그런데 간혹 인지불안과 신체불안이 결합해 급격한 수행 추락을 불러오기도 한다. 그림을 보면 수행 곡면의 중간이 절단돼 아래로 처져 있다. 이는 인지불안과 신체불안을 동시에 고려해 수행을 예측하는 삼차원 이론인 카타스트로피 이론catastrophe theory이 설명하는 핵심 현상을 보여준다. 인지불안이 높을 때 신체불안이 어느 수준을 넘으면 급격한 수행 추락 현상이 나타난다고 설명한다.

카타스트로피 이론은 인지불안과 신체불안을 동시에 고려한다. 인지불안이 낮을 때, 즉 머릿속으로 별로 걱정을 하지 않을 때는 수행곡면이 역U자를 띤다. 신체적 각성(신체불안)이 높아지며 수행이 점차 좋아지다가도 중간을 지나면 다시 점진적으로 낮아진다. 걱정을 별로 하지 않는 상황이라면 신체적으로 약간 긴장하는 것이 수행에 오히려 도움이 되는 것이다.

카타스트로피 이론

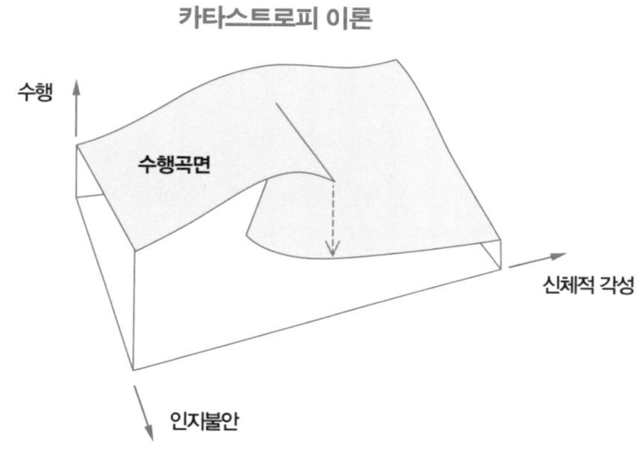

인지불안이 낮으면 신체적 각성은 수행과 역U자 관계를 보인다.
인지불안이 높을 때 신체적 각성이
어느 수준을 넘는 순간 수행이 급격히 추락한다.

수행 급락은 인지불안이 높을 때 생긴다. 인지불안이 아주 높은 상황, 즉 그림에서 수행 곡면의 앞부분이 절단된 곳을 주목하자.

인지불안이 이미 높아져 있으면 신체불안이 높아지며 어느 정도까지는 수행도 좋아진다. 하지만 신체불안이 더 높아지면 어느 순간 수행이 급격히 추락한다(점선 화살표). 머릿속으로 결과에 대해 걱정하고 있는 상황에서는 심장이 빠르게 뛰고, 식은땀이 나며, 근육이 굳어지면 일순간에 앞이 깜깜해지고 아무것도 못하는 패닉 상태를 경험한다. 패닉 상태가 되면 눈앞이 깜깜해져 아무것도 못 한다.

인지불안이 높을 때 신체불안까지 높아지면 어느 순간 갑작스러운 수행 추락이 생긴다. 이는 인지불안이 낮을 때 점진적으로 수행이 감소하는 것에 비해 충격이 훨씬 크다. 걱정을 많이 하고 있는데 몸의 불안 반응까지 가세하면 한순간에 '얼어버리는' 체험을 한다.

이런 패닉 체험을 카타스트로피라고 하는데 카타스트로피와 맞닥뜨리면 그 상황에서 쉽게 빠져나오기 힘들다. 이런 카타스트로피 체험은 혼자서 극복하기 힘들다. 만약 함께 경기를 하는 상황이라면 팀 동료에게 큰 미안함을 남기는 순간이기도 하다.

카타스트로피가 발생하면 몇 분 이내에 쉽게 회복되지 않는다. 다시 말해 그림에서 점선을 따라 아래로 추락하면 이전 수행의 높은 지점으로 쉽게 회복하지 못한다. 최소 20분은 지나야 하고, 불안을 충분히 낮춰서 새롭게 시작해야 한다.

이처럼 과도한 불안 에너지는 급격한 수행 추락을 불러올 수 있다. 머릿속 불안인 인지불안이 과도하게 높아지면 카타스트로피가 발생할 가능성이 비교적 높다. 카타스트로피의 예방법과 대책은 다음과 같다.

* 인지불안이 지나치게 높아지지 않도록 한다. 상황을 긍정적으로 해석하고 미래를 걱정하기보다는 현재에 집중하는 전략을 사용한다.
* 인지불안이 높은 상태에서 신체불안까지 높아지기 시작하면 카타스트로피가 예상된다. 어느 수준의 신체불안이 급격한 수행 추락을 불러오는지 스스로 자각하는 연습을 한다.
* 카타스트로피가 발생하면 그 충격이 크고 수십 분간 지속되므로 예방이 중요하다. 인지불안과 신체불안의 수준을 자각하고 불안을 조절하는 자신만의 방법을 적용한다.
* 카타스트로피가 발생하면 쉽게 이전 수행 수준으로 회복되지 않는다. 심리적, 신체적으로 충분히 이완시킨 다음(20분 이상), 신체적 각성을 점진적으로 높이며 다시 실전에 돌입한다.

궁합이 맞아야
마음을 다스릴 수 있다

우리 조상들은 예부터 궁합을 중시했다. 궁합이 맞아야 잘산다고 믿었다. 불안을 이기는 방법을 제시한 궁합이론 matching hypothesis도 있다. 궁합이 잘 맞아야 불안을 잘 다스릴 수 있다는 이론이다. 자신이 겪고 있는 불안의 유형을 파악해 자신과 궁합이 잘 맞는 불안 극복 방법을 사용하는 것이 좋다.

몸이 불안하면 몸으로 신체불안은 신체적 불안 극복방법과 궁합이 맞는다. 근육 이완과 호흡법이 대표적인 신체적 방법이다. 몸에서 나타나는 불안 반응을 낮춰 전체적인 불안을 줄이는 데 목적을 둔다. 신체적인 방법은 나타나는 증상을 일시적으로 해결하는 일종의 '대증요법'에 가깝다. 불안이 발생한 원인을 다스리는 '원인요법'과는 거리가 멀다.

불안을 극복하기 위한 신체적 방법은 실제 현장에서 자주 사용된다. 현장의 긴박한 상황에서 불안의 원인을 따져 제거하기는 어렵기 때문이다. 그렇기 때문에 몸에서 나타나는 불안 반응을 먼저 다스리면 머릿속 불안도 따라서 줄어들 것이라고 믿어야 한다.

운동선수들은 신체적 방법을 경기 직전과 경기 중에 자주 사용한다. 배구선수가 서브를 성공시키기 위해서는 어느 정도 침착함을 유지해야 하기에 에너지 수준을 적절하게 낮출 필요가 있다.

배구선수는 서브 직전에 양팔을 크게 벌리고 심호흡을 한다. 양팔을 크게 벌려 가슴을 내밀면서 팔과 어깨의 긴장을 풀고 심호흡으로 몸의 전체적인 에너지 수준을 조절하는 것이다. 이 동작은 어깨와 팔의 긴장을 낮추는 데 효과가 크다.

이처럼 심하게 긴장되는 상황에서 자신만의 심호흡을 하거나 가벼운 스트레칭을 하면 신체적 긴장을 어느 정도 낮출 수 있다. 긴장돼 뻣뻣해진 몸이 풀리는 것이다.

마음이 불안하면 마음으로 인지불안은 인지적 방법으로 해결하는 것이 좋다. 머릿속에서 결과를 걱정하고 있으면 그 걱정을 논리적으로 반박해 풀어나가는 것이 좋다. 머릿속에서 수천 가지 생각이 걱정과 불안을 몰고 오는데 긴장된 몸의 근육만 풀어주는 것은 궁합이 맞지 않는다.

인지적 방법은 불안의 원인을 통째로 날릴 수 있다. 하지만 숙달하기까지 시간이 필요하기 때문에 현장에서 즉시 사용하는 것은 쉽지 않기에 반복적인 훈련이 필요하다.

인지적 방법으로 추천할 만한 것은 인지 재구성이다. 불안을 유발하는 나쁜 생각을 찾아 그 생각에 모순이 있는 것은 아닌지 따져 묻고, 논리적이지 않다면 합당한 좋은 생각으로 바꾼다. 불안을 일으킨 근본 원인을 추적해 해결하는 방법이다. 효과가 뛰어나지만 절차에 익숙해지기 위해서는 많이 노력해야 한다.

평소에 필요 이상으로 걱정을 많이 하는 성격이라면 아래 네 가지 절차로 이를 극복할 수 있다.

첫째, 불안을 초래하는 부정적인 생각을 찾아낸다(자각 단계, Aware). "잘 안 될 것 같다. 겁이 난다"라는 생각, 미래에 나쁜 일이 일어날 것이라고 지레 겁을 먹는 두려운 생각을 찾아낸다.

둘째, 자각한 부정적인 생각을 중지한다(중지 단계, Stop). 걱정은 꼬리에 꼬리를 무는 특성이 있다. 이런 걱정에 사로잡히면 집중해야 할 것에 집중하지 못한다. 일단 불안한 마음과 걱정이 고개를 들면 일부러 생각을 멈추어본다.

셋째, 불안한 생각에 대해 논리적으로 반박한다(반박 단계, Dispute). 왜 그 생각이 불합리한지를 스스로 따져 묻는다. 자신이 통제할 수 없는 것이 아닌지, 합리적이지 못한 생각은 아닌지를 따져본다.

"미래의 일은 신만이 아는 것 아닌가?" "그리고 미래의 일은 내가 통제할 수 없지 않은가?"라는 식으로 불안에 대해 논리적으로 반박해본다.

마지막으로는 불안한 생각을 긍정적 생각으로 대체한다(대체 단계, Replace). 논리적으로 합당하지 않은 불안한 생각을 자신에게 의미 있는 좋은 생각으로 대체한다. 이때 자신이 통제할 수 있는 합리적이고 구체적인 생각을 해본다.

예를 들어 "평소의 연습 기록을 믿자. 내 모습을 입체적으로 상상한 후 그대로 따라 하면 이길 수 있다"는 등의 긍정적인 생각으로 바꾼다.

불안을 극복하는 ASDR 인지 재구성

단계	예
A. 자각 단계 **불안을 일으키는 부정적 생각 확인**	"분명히 안 된다"(부정적 예측) "이 바보야. 그것밖에 안 되나?"(자기 비난)
S. 중지 단계 **부정적 생각을 즉시 중단**	더 이상 진행되지 않도록 즉시 중지 (빨간 등 켜기, STOP 암시)
D. 반박 단계 **부정적 생각을 논리적으로 반박**	"하나의 실수에 불과하다. 이미 지나간 것 아닌가?" "왜 내 인격을 스스로 모독하나. 다음에 잘하도록 노력하면 되지 않나?"
R. 대체 단계 **합리적인 긍정적 생각으로 바꾸기**	"성공 확률이 90퍼센트가 넘는다. 나 자신을 믿어야 한다" "나에게는 자랑할 만한 점이 많다. 자신감을 갖자"

자각-중지-반박-대체(ASDR)를 거치면서 불안을 일으켰던 나쁜 생각은 자신에게 힘을 주는 좋은 생각으로 바뀌었다. 생각을 바꾸는 것은 불안의 원인을 제거하는 효과가 있다. 반박을 하면서 스스

로 심리적으로 무장하는 방법도 배운다. 이런 방식은 시간과 노력이 필요하지만 불안의 원인을 없앨 수 있어 효과적이다. 불안을 일으키는 생각은 이 과정을 거치면서 긍정적인 생각으로 바뀐다.

부정적 생각을 긍정적 생각으로 바꾼 사례

불안을 유발하는 부정적 생각	ASDR을 통해 발생시킨 긍정적 생각
• 긴장된다. 어떻게 하지?	• 준비한 대로만 하겠다.
• 나보다 잘하면 어떡하지?	• 평소 죽을 만큼 노력했다.
• 내 차례가 곧 온다. 떨린다.	• 빨리 차례가 왔으면 좋겠다.
• 남들에게 창피할까 두렵다.	• 남들은 나에게 관심이 없다.
• 힘들다. 포기해버릴까?	• 상대도 마찬가지다. 조금만 힘내자.
• 또 실패다.	• 좋은 걸 배웠다. 나도 써먹어야겠다.
• 잘할 수 있을까?	• 별것 아니다.
• 잘못하면 어떡하지?	• 잘하고 나서 해방감을 맛보자.
• 실수하면 어떡하나?	• 성공확률이 90퍼센트가 넘는 것을 믿자.

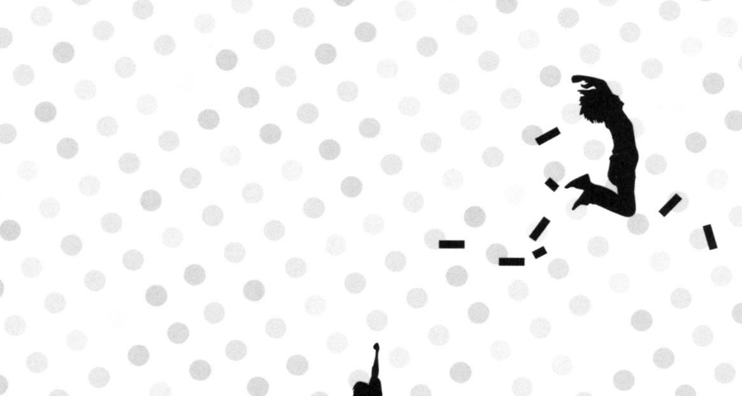

Part 2

강심장을 위한 워밍업

01
내면의 긍정을 일깨워라

좋은 자기암시는 집중에 도움이 된다. 자기암시는 구체적이면서 긍정적이어야 한다.
의미를 담고 있어야 하고 집중을 유발하는 표현일수록 좋다.
1인칭 현재형으로 해야 실제 순간에 도움이 된다.

긍정, 긍정
다시 긍정의 마음

'할 수 있다.' '편안하게 하자.' '얼마든지 찬스가 오니까 편하게 하자.' 이런 식으로 자기암시를 많이 했다. 그것이 경기에 많은 도움이 되었다.

- 신지애(2010 프랑스 에비앙 마스터스 대회 우승)

골프의 신지애 선수는 2010년 프랑스 에비앙 마스터스 대회 마지막 홀에서 우승을 결정지었다. 마지막 날 2타 뒤진 채 출발한 신 선수는 13번 홀에서 동점이 되었고, 결국은 마지막 홀에서 3미터 퍼팅을 성공시키며 우승컵의 주인이 되었다.

'실수하면 어쩌나?' '우승컵을 놓치는 것 아니야?' 등의 압박감으로 부정적인 생각이 꼬리를 물 수 있는 상황이었다. 만약 이런 부정적인 생각에 마음이 온통 쏠렸다면 어떤 결과가 나왔을까? 시합의 결과와 관계없이 신 선수는 늘 긍정적 자기암시를 많이 했고,

그것이 지금껏 큰 도움이 되었다고 말한다. 시합 내내 잘될 것이라는 긍정적인 생각이 시합에만 몰두할 수 있도록 해준 것이다.

우리는 직장에서, 학교에서, 생활 속에서 성취를 위해 노력한다. 그런데 앞날을 가로막는 적은 타인이기보다는 늘 자기 자신인 경우, 자신에 대한 의심과 자책, 망설임일 때가 많다. 자기 내면에서부터 키워온 의심과 자책을 다스리는 것이 연습과 훈련을 거듭하는 것보다도 중요할 때가 많다.

상대와 경쟁을 해야 하는 운동선수도 먼저 자신과의 싸움에서 이겨야 한다. 진정한 적은 상대가 아니라 자기 자신 안에 있는 부정적인 생각이라고 말하는 선수도 많다. 자기와의 싸움에서 이겨야 진정으로 자신감을 가질 수 있기 때문이다.

성공을 향해 노력하는 많은 사람은 자기 자신과의 싸움에서 이기기 위한 전투를 매일 하고 있다. 스포츠는 관중에게는 기쁨과 스릴이 될 수도 있지만 선수들에게는 좌절과 절망일 경우가 많다. 그러나 선수들은 늘 한 가지 목표를 위해 끊임없이 앞으로 나아간다. 모든 상황에 초연하고, 또 시련을 긍정적으로 받아들이는 마음으로 말이다. 마치 신지애 선수가 시합 내내 그랬던 것처럼.

긍정의 세계관 사람들은 각자의 삶을 어떻게 해석하느냐에 따라 긍정적인 사람과 부정적인 사람으로 나뉜다. 그리고 아동기와 청소년기에 어떤 체험을 했는가에 따라 세상을 보는 관점이 판이하게 달라진다. 긍정적인 눈으로 세상을 바라보는 사람은 어떤 일을 해도 세상은 희망적이며 가치 있는 일들로 가득 차 있다고 생각한다. 하지만 부정적인 눈으로 세상을 바라보는 사람에게 세상은 늘 절망적이다.

20세기 심리학이 우울, 스트레스, 불안 등 인간의 부정적인 면에만 몰두한 경향을 반성하고 마음의 밝은 면을 연구하려는 심리학의 새로운 분야인 긍정심리학positive psychology에서는 세상을 보는 관점에는 지속성, 확장성, 자기주도성이라는 3가지 측면이 들어 있다고 주장한다.

먼저 어떤 일이 앞으로도 계속 일어나 자신의 삶에 영향을 준다고 믿는지, 그렇지 않다고 생각하는지를 말하는 지속성permanence을 보자. 긍정적인 세계관을 가진 사람은 어떤 일이 잘되면 앞으로도 계속 잘될 것이라고 믿는다. 반면에 부정적인 세계관을 가진 사람은 좋은 일은 어쩌다 일어난 것이고 자신에게 나쁜 일이 계속 생길 것이라고 생각한다.

어떤 일이 삶의 다른 영역에까지 영향을 준다고 믿는지를 말하는 확장성pervasiveness에서도 차이가 난다. 긍정적 세계관을 갖고 있으면 어떤 좋은 일이 일어나면 다른 일도 잘될 것이라고 믿는다. 긍정적인 테니스 선수라면 서브가 잘 들어가면 그라운드 스트로크나 다른 샷도 잘될 것이라고 생각할 수 있다. 부정적 세계관의 인간이라면 하나가 잘못되면 나머지 모든 일도 망칠 것이라고 미리 예측하는 경향을 보인다. 즉 서브가 안 들어가면 오늘 경기가 제대로 안 풀릴 것이라고 자신에게 말할 수 있다.

긍정의 세계관을 가진 사람과 부정의 세계관을 가진 사람은 자기주도성personalization도 다르게 본다. 자기주도성이란 자기 자신이 어떤 일을 일으키는 핵심적 원인이라고 생각하는 정도를 말한다. 즉 '성공의 이유는 바로 나다'라는 생각을 얼마나 갖고 있는가를 의미하는 용어다.

긍정적인 세계관을 가진 사람은 성공의 이유가 자신이라고 생각한다. 또 실패 이유를 자신이 통제할 수 없는 외적인 요인에서 찾아 자존심을 보호하려 노력한다. 반면에 부정적 세계관을 갖고 있으면 자신 때문이 아니라 운이나 외적인 이유 때문에 성공했다고 본다. 실패는 자신의 무능력 때문이라고 생각한다.

긍정의 세계관 또는 부정의 세계관 중 어떤 것을 갖느냐에 따라 실수나 실패를 받아들이는 방식에서 차이를 보인다. 긍정의 세계관을 갖고 있으면 실수나 실패를 좀 더 합리적으로 받아들이고 교훈을 찾는다. 실수나 실패에 대해 비판하면서도 긍정의 관점을 유지하는 것이 중요하다.

실수를 하면 "지나가 버렸다. 앞으로 잘하면 된다. 잘한 것도 있으니 실수로 잃은 것은 별로 없다"라고 생각한다면 긍정의 세계관을 갖고 있는 사람이라 할 수 있다. 부정의 세계관을 갖고 있으면 "또 실수가 나오기 시작하네. 오늘도 틀렸나 보다. 계속 이러겠지"

라는 자기암시를 할 것이다.

어떤 일을 긍정적으로 해석하는지 부정적으로 해석하는지는 습관으로 정착되었을 가능성이 높다. 어떤 일이 일어났을 때 자신에게 습관적으로 하는 말을 점검해 볼 필요가 있다. 자신과 나누는 내면의 대화 내용이 무엇인가에 따라 세상을 해석하는 관점이 결정된다. 자기 자신에 대해, 그리고 주변과 세상에 대해 긍정적인 생각을 하면 자신감과 열정을 키워나갈 수 있을 것이다.

나와 나누는 대화 불확실한 삶에서 긍정적인 세계관을 유지하는 것은 중요한 일이다. 긍정적인 세계관을 유지하는 핵심적인 방법은 자신과 나누는 내면의 대화, 즉 자기암시를 긍정적으로 하는 것이다. 자기암시는 옆 사람이 들을 정도로 중얼거릴 수도 있지만 대개 머릿속에서 자신과 내면으로만 대화하는 형태로 이루어진다.

자기암시는 성장하면서 내면화된 대화법이다. 아이 때는 부모로부터 "잘한다"는 긍정적 피드백을 자주 받는다. 또 부모가 한 말을 쉽게 내면화한다. 하지만 성인이 되면 칭찬보다는 부정적인 자기암시를 하는 빈도가 높아진다. 부정적인 자기암시를 마음속으로 하기도 하고, 소리를 내서 하는 경우도 종종 있다. 운동선수 중에는 실수 후에 운동용구를 집어던지며 욕을 하기도 한다.

부정적 자기암시는 좋을 것이 없다. 우선 자신감이 현저히 떨어진다. 자기암시는 개인이 갖고 있는 신념이기 때문이다. 부정적인 신념은 집중력을 떨어뜨리고 의욕을 낮춘다. 다른 사람도 아닌 자신이 스스로 자신감, 집중력, 의욕을 떨어뜨리는 일을 하는 것은 굉장히 안타까운 일이다. 온전히 믿을 것은 자기 자신뿐인데 다른 사람도 아닌 자기 자신을 부정적으로 속단하는 것은 결코 좋을 리가 없다.

부정적 자기암시를 하면 그 암시대로 미래에 실현될 가능성이 높다. "어, 안 될 것 같다"라고 나쁜 방향으로 예측을 하면 실제로 나쁜 일로 이어지기 쉽다. 선수들은 최고의 경기력을 발휘하기 위해 수많은 시간 훈련을 한다. 결정적인 순간 부정적 자기암시를 하는 것은 지난 훈련을 헛되게 하는 것과 같다. 지금껏 얼마나 힘든 시간을 보내왔는데 이 얼마나 억울한 일인가.

부정적 자기암시가 현실로 나타나면 자신의 부정적인 예측이 옳았다고 여기는 경향이 있다. 다시 말해 부정적으로 암시를 하고, 그렇게 실현되면 부정적인 자기암시를 다시 강화시키는 악순환이 계속되는 것이다. 이 악순환을 끊을 수 있어야 한다.

부정적 자기암시 중에서 '자기 비난형'과 '부정 예측형'은 치명적이다. 실수를 하거나 어떤 일이 잘 풀리지 않으면 자신의 인격을 모독하는 말이 튀어나온다. 자기 비난형 부정적 자기암시를 하는 것이다. "이 바보야!"라고 자신을 비난한다. 자신의 인격과 본성을 무시하고 공격하는 말이다. 본인 스스로 이렇게 나쁜 일을 한다. 남들도 안 하는 자신에 대한 인신공격이다.

부정적 자기암시를 자주 하면 자기 존중감을 떨어뜨리고 우울증이 생길 수도 있다. 남들도 하지 않는 나에 대한 비난을 그냥 용서하면 안 될 것이다. 이 세상에서 가장 소중한 사람은 '바로 나'가 아닌가.

부정 예측형 자기암시는 미래에 나쁜 일이 생길 것이라고 예측하는 혼잣말이다. "실수할 것 같다" "또 실패하는 것 아니야?"처럼 아직 일어나지도 않은 미래를 나쁘게 만들어버리는 말이다.

연장전에서도 승부가 나지 않아 승부차기가 진행된다고 치자. 키커로 나선 선수가 "안 들어갈 것 같다"라는 부정 예측형 자기암시를 할 수도 있다. 겉으로 나타나지 않지만 이런 부정적인 말은 선수를 위축시키고 울렁증을 유발하기에 충분하다.

강심장을 키우는 자기암시

엘리트 선수의 체험에는 삶의 교훈으로 삼을 만한 것이 많다. 운동선수는 땀 흘린 노력에 따른 성취감도 맛보지만 극적인 좌절을 경험하기도 한다. 최후의 승자만 알아주는 스포츠의 본성 때문에 선수들은 늘 천당과 지옥을 체험한다. 승자나 패자나 투자한 노력에는 별 차이가 없지만 최종 결과에 따라 모든 것이 달라진다. 패자는 말이 없듯 패한 선수나 팀은 정서적으로 많은 것을 잃을 수도 있다.

스포츠는 긍정적 자기암시를 하는 습관을 기르기에 가장 좋은 무대다. 승리와 패배가 주는 체험이 극적으로 다를 수 있는 상황에서 선수들은 무엇이 도움이 되는지를 터득했다. 엘리트 선수를 살펴보면 훈련과 시합에 관한 한 놀랄 정도로 긍정적인 관점을 갖고 있다. 시합을 즐기는 충분한 여유도 있다. 엘리트 선수, 강심장들은 긍정적 자기암시를 하면 과거의 실수나 미래의 걱정에 연연하지 않고 지금 집중해야 할 것에 고도로 집중하는 데 도움이 된다는 것을 알고 있기 때문이다.

엘리트 선수가 하는 긍정적 자기암시는 일반인에게도 교훈을 주기에 충분하다. 엘리트 선수가 시합 직전부터 시합 직후까지 최고의 컨디션을 유지하고, 최적의 집중력을 발휘하고, 자신감을 끌어올리고, 역경을 극복하기 위해 사용하는 긍정적 자기암시를 살펴보자. 스포츠뿐만 아니라 군대, 비즈니스, 교육 등 여러 분야에도 도움을 줄 것이다.

스포츠 상황에서의 긍정적 자기암시

When	긍정적 자기암시
시합 직전	한 번 해보자. 평소대로 침착하게.
약한 상대일 때	한편으로 더 긴장하자. 나는 내 플레이만 하겠다.
강한 상대일 때	오늘 다 보여준다. 상대를 지치게 만들자.
지고 있을 때	기회는 온다. 끝까지 물고 늘어진다.
막상막하일 때	조금 더 뛰자. 한 번에 하나씩만 하자.
이기고 있을 때	끝까지 가봐야 안다. 하나하나에 집중하자.
패했을 때	잘못한 상황을 더 연습하자. 집중력 부족이라고 생각하자.
승리했을 때	좀 더 해서 더 나아지자. 역시 훈련을 열심히 하면 되는구나.

자기암시를 하라 "자신을 믿어라. 난 최고다. 나는 세상의 왕이다. 최고의 챔피언이 되려면 스스로 자신이 최고라고 믿어야 한다. 만약에 그렇지 못하더라도 그런 척이라도 해라. 스스로를 믿는 사람은 의심이 많은 사람보다 언제나 더 월등한 성취를 할 수 있다." 20세기의 스포츠맨으로 불리는 무하마드 알리Muhammad Ali가 한 말이다. 알리는 이런 강력한 긍정적 자기암시로 집중력을 발휘한 것 같다. 통산 61전 56승 5패의 전적을 남겨 100년 복싱 역사상 최고의 복서로 기록된 선수가 한 자기암시로 걸맞은 것 같다.

좋은 자기암시는 집중에 도움이 된다. 자기암시는 구체적이면서 긍정적이어야 한다. 의미를 담고 있어야 하고 집중을 유발하는 표현일수록 좋다. 1인칭 현재형으로 해야 실제 순간에 도움이 된다.

프로축구팀의 수비수를 대상으로 자기암시 내용을 분석한 적이 있다. 단 한 선수를 제외하고 모두 "골 먹지 말자" "실수하지 말자"는 자기암시를 하고 있었다. 시합에서 골을 내주면 죄인이 된 듯 위축되고 공이 오는 것을 회피하는 행동을 했다. 자기암시 내용을 바꾸기로 했다. "안전 수비, 빠른 역습" "내 발끝에서 공격 시작"으로 자기암시를 바꾸도록 했다. 실제로 빠른 역습이 득점으로 여러 차례 연결되었다. 자기암시를 바꾸자 집중력과 자신감이 살아난 것이었다.

자기암시를 잘하면 집중을 잘할 수 있다. 상황이 불리해져도 흔들리지 않고 쉽게 리커버리를 한다. 무엇보다 자신을 칭찬해줄 사람은 자신밖에 없지 않은가. 긍정적인 자기암시는 주변의 상황이 나빠지더라도 흔들리지 않게 해준다. 자신을 소중하게 지켜주는 효과도 있다.

국가대표선수의 긍정적 자기암시의 사례

When	부정적 자기암시	긍정적 자기암시
시합 전날	컨디션이 너무 안 좋은 것 같아. 실수하지 말자.	실수도 좋다. 까짓것 한번 해보자. 내일은 나의 날이다.
시합 직전	잘할 수 있을까? 오늘 공이 발에 안 붙네.	자신 있게 하자. 나는 할 수 있다. 컨트롤할 때 조금만 더 집중하자.
시합 중	실수 안 해야 되는데. 오늘 경기 잘 안 풀리네. 또 골 안 들어가네.	미리 줄 곳 찾아두자. 과감하게 돌파하자. 다음 찬스 땐 시원하게 넣어야지.
시합 후	못했던 플레이만 떠오른다. 내가 오늘 잘했나? 왜 이리 못했지?	오늘 경기에서 나는 최고였어. 멋졌어. 괜찮아. 다음 경기 때는 조금 더 나은 경기를 하자.

긍정적 사고와 긍정의 말

아이가 초등학교 3학년 때 학교에 대한 부정적인 말을 달고 지낸 적이 있었다. "학교에 가기 싫어" "공부는 재미없어" "학교 안 가고 싶어"를 반복하는 것이었다. 이유를 파악하기도 힘들었다. 아이가 학교를 좋아하게 만드는 방법을 찾느라 며칠을 고민했다.

무엇보다도 학교에 대한 부정적인 말이 문제였다. 우선 학교를 긍정적인 의미로 바꾸어 주기로 했다. 부정적인 말과 일대일로 대응하는 긍정적인 말을 6가지 만들었다

- **학교는 재미있는 곳이다.**
- **학교에 가면 여러 가지를 배운다.**
- **나는 학교 가고 싶다.**
- **공부가 재미있다.**
- **공부는 스스로 하는 것이다.**
- **예습, 복습을 꼭 한다.**

간결하지만 꼭 필요한 것으로만 했다. 네임펜으로 굵게 써서 동물 캐릭터 그림으로 장식하고, 아이의 눈높이 벽에 붙여 두었다. 직접 읽어주기도 하고 따라 하게도 했다.

며칠 후 놀라운 변화가 나타났다. 아이는 네 살 아래 유치원에 다니는 동생의 공부를 도와주면서 이런 말을 해주고 있었다.

"공부를 할 때는 열심히 해야 해."
"학교에 가면 좋은 게 많다!"

"에스(S)는 쓰, 알(R)은 르, 피(P)는 프……. 하루에 8개씩 외우자."
"오빠 따라 해봐. 진지하게 공부하면 오빠가 1분 동안 업어줄게."

아이는 동생이 공부할 것을 직접 문제로 만들어주기까지 했다. 자기 이름의 이니셜로 'DY의 좋은 생각'을 만든 이후에 1년 10개월이 지났다. 아이는 여름방학을 앞두고 치른 다섯 과목의 학교 시험에서 단 한 문제만 놓쳤단다. 지금껏 본 시험 중 가장 좋은 결과였고, 담임 선생님에게 특별히 칭찬을 받았다며 좋아했다. 학교에 대한 좋은 생각이 결국 학습에도 좋은 영향을 끼친 것이다.

슬럼프를 벗어나게 하는 긍정 탄력성

메이저리그에서 활약했던 박찬호 선수는 한때 슬럼프slump를 겪었다. 그는 재기를 위해 고독한 싸움 끝에 부활에 성공했고, 일본으로 진출했다.

슬럼프란 연습을 계속하는데도 불구하고 오히려 실력이 떨어지는 현상을 말한다. 실력이 그대로 정체되면 운동 기술을 연습할 때 실력이 일시적으로 정체되는 현상인 수행 고원performance plateau을 겪는다. 슬럼프는 기술의 변화, 체력 저하나 피로, 의욕 상실 같은 심리적 이유 때문에 생긴다. 실력이 떨어지는 것에 충격을 받아 연습 시간을 더 늘리는 경우가 많지만 그것도 효과가 없다. 실력이 향상될 조짐이 나타나지 않는다. 답답함을 느끼고 화를 내기도 한다. 노력하면 향상될 것이라는 기대도 사라진다. 부정적인 자기암시도 많아진다.

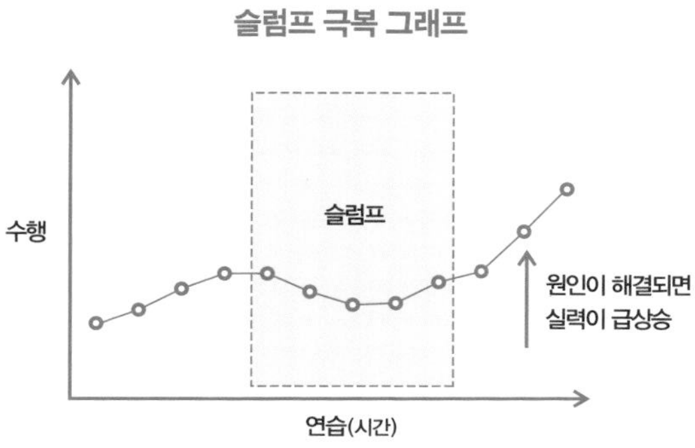

노력을 해도 실력이 오히려 저하되는 슬럼프. 슬럼프는 원인이 존재하며,
그 원인이 해결되는 순간에 실력이 급상승한다.
슬럼프 기간에는 긍정적인 자기암시가 필요하다.

슬럼프는 원인이 있어 생긴다. 그 원인만 해결되면 실력은 벼락같이 향상될 수 있다는 사실을 알지 못하는 사람이 많다. 기술에 문제가 있어 슬럼프가 왔다면 기술적 문제가 해결되는 순간에 실력이 가파르게 상승한다.

슬럼프를 성공적으로 극복하기 위해서는 긍정의 마음가짐을 가져야 한다. 슬럼프에 빠졌다고 스스로 인정하는 것이 중요하다. 답답한 마음을 앞세우기보다 오히려 여유를 가져야 한다. 긍정적인 자기암시를 계속할 필요가 있다.

슬럼프를 잘 극복하면 실력이 쑥쑥 성장한다. 슬럼프 기간에 노력한 것이 결코 무효가 되는 것이 아니라 나중에 실력이 점프할 때 되돌려 받는 것이다. 슬럼프가 왔다고 감정이 흔들릴 필요는 없다.

'나는 슬럼프에 대해 잘 알고 있다'는 자기암시를 하면 좋다.

실력이 날로 성장하는 프로골퍼 A에게 어느 날 슬럼프가 찾아왔다. 스윙을 어떻게 해야 하는지 감이 사라진 것이다. 며칠 전까지만 해도 어떻게 스윙을 하면 정확하게 공을 보낼 수 있다는 것을 잘 알았는데 갑자기 안 된다. 그 감을 찾으려고 발버둥을 쳐도 소용없었다. 화가 나고 눈물이 앞을 가릴 정도가 되었다.

스윙을 고치는 과정에서 슬럼프를 겪고 있는 것이다. 원인을 쉽게 파악할 수 있는 슬럼프다. 하지만 A선수는 아무리 노력해도 해결되지 않자 자신에게 '성공이 전혀 없다'고 화를 내기 시작한다.

이 선수에게는 긍정적인 자기암시를 하게 도와줄 필요가 있었다. 슬럼프는 반드시 원인이 존재하고 그 원인만 해결되면 나중에 실력이 급성장한다는 것을 알려줬다.

"잘되는 것과 안 되는 것을 비교하고, 잘된 것을 서로 비교해 스키마를 만들어라. 잘되는 것도 중요하고, 잘 안 되는 것도 나름대로 역할을 한다. 잘될 때의 느낌, 그때의 공통적인 원칙을 발견해 스윙의 법칙을 찾는 것이 중요하다. 어느 정도 잘되면 연습을 그만두고 그 느낌을 근육에 기억시키는 것도 필요하다."

새로운 기술에 적응하는 기간이므로 잘 안 되는 것은 당연하다. 기술에 적응하는 과정에서 오는 슬럼프라는 것을 인식시켰다. 잘 안 되는 샷을 실패라고 규정할 일이 아니다. 잘 안 되는 것도 필요하다. 샷에 대한 스키마를 다시 만드는 데 도움을 주기 때문이다.

무엇보다 슬럼프에 대해 긍정적인 관점을 가지는 것이 필요했다.

슬럼프 때는 실패가 잦아진다. 그러나 실패가 나쁜 것이 아니라 오히려 성공의 법칙, 즉 스키마를 발견하는 데 도움을 준다는 생각을 한다면 실패에 대해 화를 낼 필요가 없어진다. 실패 사이에 숨어 있는 성공을 찾아 공통점이 무엇인지를 찾으면 된다. 실패는 곧 성공의 법칙을 찾도록 도와주는 것이므로 고마운 존재가 된다.

또 지금의 노력이 결코 헛된 것이 아니라는 점도 알려줬다. "슬럼프의 원인이 해결되는 순간에 실력이 급신장한다. 그 순간을 위해 슬럼프 기간에도 연습을 계속해야 한다."

A선수는 슬럼프 기간에 시합이 있어 압박감을 받고 있었다. 시합을 하는 목표를 합리적으로 바꾸는 것이 필요했다. 나는 "이번 시합은 새로운 기술의 테스트가 목표다. 새로운 기술에 적응하기까지 유효기간이 필요하다. 이 시합은 그 유효기간 내에 있다"라는 생각으로 부담없이 시합에 임하라고 알려 주었다.

슬럼프에 대한 긍정적인 관점을 익히고 2개월이 지나면서 A선수는 슬럼프에서 빠르게 빠져나왔다. 예상했던 것처럼 슬럼프 전에 비해 스윙에 체계가 더 잡히고 스코어도 계속 좋아졌다. 3개월째 되는 가을, 지방에서 열린 대회에서 A선수는 시즌 첫 우승을 했다. 5명의 선수와 연장전까지 갔지만 연장 두 번째 홀에서 롱퍼팅을 성공시켜 승부에 마침표를 찍었다. 슬럼프에서 멋지게 탈출한 것이다.

끝이 보이지 않을 것 같은 암울한 슬럼프. 긍정적인 관점을 가지면 슬기롭게 극복할 수 있다. 슬럼프 기간에 투자한 노력은 헛된 것이 아니다. 벼락같이 실력을 상승시키기 위해 에너지를 꾸준히 저축하는 것으로 받아들이는 것이 옳다.

슬럼프 기간에 잦아지는 실수는 성공의 법칙을 발견할 수 있도록 길을 안내하는 고마운 존재다. 슬럼프 때문에 화만 내고 우울해할 일이 아니라 이를 긍정적으로 받아들여 버틴다는 마음가짐이 무엇보다 절실하다.

부정적 자기암시를
긍정적 자기암시로 바꾸는 법

부정적 자기암시를 하는 자신을 용서해서는 안 된다. 남이 자신의 인격을 비난하고 미래에 대해 나쁘게 말한다면 참기 힘든 일이다. 그런 일이 일어났다면 싸움이 날 수도 있다. 남도 안 하는 인격 모독을 본인이 하고 있다면 안타까운 일이다. 억울한 일이다. 나를 비난하는 나를 용서해서는 안 된다.

엘리트 선수는 긍정의 자기암시를 통해 실력을 키운다. 압박감 속에서 온갖 주의 방해 요인을 물리치는 방법으로 효과적이다. 긍정적 자기암시를 하는 습관을 들이기 위해서는 몇 가지 훈련이 필요하다.

긍정적 자기암시로 바꾸는 ASDR 논박법 "이 바보야" "또 안 되겠지"라는 부정적 자기암시를 하고 있다면 논박論駁을 통해 긍정적 자기암시로 바꿀 수 있다. 부정적 자기암시가 갖고 있는 부당함을 논리적으로 반박하는 방법이다.

자신에 대해 스스로 비난하고 있거나 일이 잘못될 것이라고 나쁘게 말하고 있으면 그런 자신에게 논박 펀치를 몇 대 날려 정신을 차리게 하는 방법이다. 그 과정은 ASDR 논박법이라는 4단계로 진행된다.

ASDR 논박법 4단계

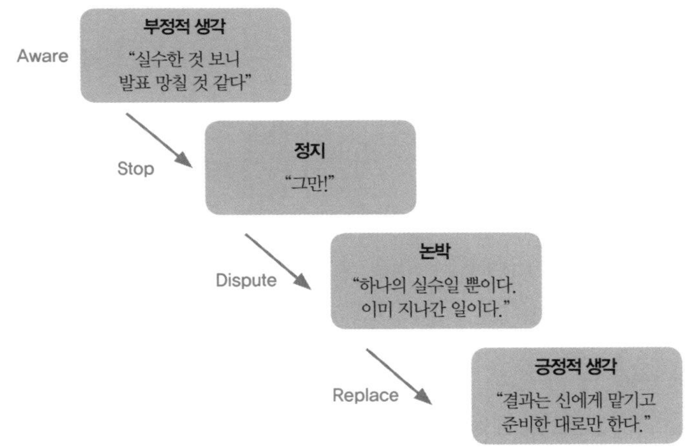

첫째 단계는 자신이 부정적 자기암시를 하고 있는 것을 자각하는 단계다(Aware). 부정적 자기암시는 본인이 자각하지 못할 때가 많다. 무의식적으로 부정적인 말이 튀어나온다. 부정적 자기암시는 한번 시작되면 꼬리를 물고 계속되는 속성이 있다. 나쁜 생각에 압도당하는 상황에 이르는 것을 막으려면 자각을 해야 한다. 자신이 나쁜 말을 한 것을 재빨리 알아채야 한다. "앗! 나쁜 말을 하는구나"라는 생각이 번쩍 들어야 한다. 주머니에 클립을 넣어두고 나쁜 말을 자각할 때마다 하나씩 반대편 주머니로 옮기는 방법도 있다.

둘째 단계에서는 자각한 부정적 자기암시를 정지시킨다(Stop). 부정적 자기암시는 시작 초기에 정지시키느냐 그러지 못하느냐가 중요하다. 성공적으로 정지시키면 긍정의 트랙으로 갈 수 있지만 그렇지 못하면 악순환의 트랙으로 가게 된다. 다음과 같은 방법을 사용하면 정지시키는 데 도움이 된다.

* "그만!" 소리 지르기
* 손으로 볼을 때리기
* 고개를 흔들어 정신 차리기
* 빨간색 교통 신호등(정지 신호) 떠올리기

셋째 단계는 부정적 자기암시의 내용에서 불합리한 점을 찾아 논리적으로 반박하는 단계다(Dispute). 부정적 자기암시는 합리성이나 논리성 측면에서 허점이 있다. 그걸 찾아 반복하는 것이다. 실수가 하나 나오자 "이 바보야!"라고 했다면 왜 불합리한 것인가? 여기서 빠르고 강한 논박 펀치를 몇 번 날린다.

"실수가 날 수도 있다. 그렇지만 지나가버렸다. 아무리 애를 써도 되돌릴 수 없는 것이다. 잘 가라. 지금 할 것에 집중한다"라는 생각이라면 반박 펀치로 써도 충분하다. 부정적 자기암시는 대개 다음과 같은 불합리성을 갖고 있다.

* 지나가버렸다(예: 지나간 과거 실수).
* 내 통제 밖이다(예: 싫어하는 환경).
* 도움이 안 된다(예: 실수 불안감).

마지막 단계에서 긍정적 자기암시로 바꾼다(Replace). 부정적 자기암시가 갖고 있는 불합리성을 인정하고 펀치를 날린 다음 긍정적 자기암시를 해본다. 자신에게 의미가 있고 힘을 주는 것을 찾는다. "지금 집중할 것에 집중한다"라는 생각은 자신이 통제할 수 있고 실제로 도움이 된다. "해야 할 것은 3D로 상상하고 상상에 맡기자"라는 자기암시도 큰 힘을 줄 것이다. 긍정적 자기암시는 다음 조건을 만족하면 좋다.

* 합리적인 것(예: 성공의 확률 믿기)
* 내가 통제할 수 있는 것(예: 처음 결정 그대로 지키기)
* 현재에 집중하게 해주는 것(예: 루틴 연습)
* 잘될 때의 느낌(예: 잘될 때 느낌 살리기)

이 과정을 거치면 "이 바보야!"라는 부정적인 말을 자신이 통제할 수 있고, 현재에 집중하는 데 도움이 되는 좋은 자기암시로 바꿀 수 있다. 연습이 필요하겠지만 '자각(A) - 정지(S) - 논박(D) - 대체(R)'의 절차가 생각보다 빠르게 진행될 수도 있다. 네 단계를 줄여 '정지(S) - 대체(R)'로 갈 수도 있겠다.

ASDR 논박을 통해 찾은 엘리트 선수의 긍정적 생각

시합 2일 전	
부정적 생각	잘 안 되는 기술에 대해 불안하다. 실수할까 불안하다.
논박의 근거	연습 때 성공률이 95퍼센트가 넘는다. 성공 가능성이 훨씬 높은 것을 생각한다..
긍정적 생각	잘되었을 때의 느낌을 생각한다. 나의 연습 기록을 믿는다.
시합 2시간 전	
부정적 생각	날씨, 경기장 상태가 신경 쓰인다. 기술에 대해 불안하다.
논박의 근거	날씨, 경기장 상태는 나의 통제 밖에 있는 요인이다. 내가 통제할 수 있는 것에만 집중한다.
긍정적 생각	모두 다 같은 조건이다. 잘 맞았을 때 느낌, 내 루틴만 생각하자.
시합 30분 전	
부정적 생각	연습 때 잘 안 되었던 생각이 떠오른다.
논박의 근거	과거는 아무리 애를 써도 되돌릴 수 없다. 현재에 집중해야 한다.
긍정적 생각	긍정의 마인드를 갖는다. 욕심을 부리지 않겠다. 이 코스는 나의 것이다.

시합 중	
부정적 생각	실수할 것을 의식해서 불안하다. 잘 안될까봐 초조하다.
논박의 근거	우리 뇌는 한 번에 하나에만 집중한다. 다른 것(미래 실수)을 생각하면 집중이 흐트러진다..
긍정적 생각	지금 이 순간 집중해야 후회하지 않는다. 지나간 동작은 다시 돌아오지 않는다.

시합 후	
부정적 생각	난 왜 이렇게밖에 못했나?
논박의 근거	시합 결과와 관계없이 자신감 요인을 찾는다.
긍정적 생각	오늘 시합에서 자신감 요소를 찾자. 시합은 끝났다. 하지만 나의 운동은 계속된다.

SUPI 목표 설정법 많은 사람이 '최선을 다한다'는 목표를 세운다. 그리고 이 목표를 자신에게 자주 암시한다. 최선을 다한다는 목표가 좋은 것처럼 보이지만 실제로는 그렇지 않다. 그보다 더 좋은 목표가 있기 때문이다. 최선을 다한다는 목표를 세우면 100이라는 효과가 나온다고 할 때 '좋은 목표'를 세우면 116이라는 효과를 얻을 수 있다. 최선을 다할 때에 비해 16퍼센트나 초과 달성할 수 있다. SUPI 목표 설정법이 그것이다.

* 목표는 구체적으로 세운다(Specific)
* 자신이 통제할 수 있는 목표를 세운다(Under your control)
* 목표는 긍정적인 방향으로 세운다(Positive)

✱ 목표는 생각만 하지 말고 기록한다(Ink it, don't think it)

예를 들어 '1등을 하고야 말겠다'는 목표는 SUPI 원칙에 맞지 않는다. 남이 더 잘하면 1등을 못할 수도 있기 때문이다. 자신이 통제할 수 없는 목표다. 1등을 하겠다고 자기에게 암시하면 1등을 못할 것 같은 예상이 드는 순간 불안감이 높아지고 집중이 흔들리게 된다.

자신이 통제할 수 있는 목표를 자기암시 거리로 삼을 필요가 있다. 2010년 동계올림픽 스피드스케이팅에서 한국은 예상보다 많은 금메달을 획득했다. 선수 개인별로 통제가 가능하면서 구체적인 목표를 세워준 감독의 지도방식이 빛을 발한 대회였다. 감독은 개인별로 훈련 프로그램을 작성해주는 것이 가장 힘들었다고 한다.

종이에 프로그램을 작성하고 찢어버리기를 무수히 반복했다. SUPI 원칙이 적용된 목표를 설정해준 좋은 사례라고 생각된다. 코칭 스태프 덕분에 선수들은 자신이 통제할 수 있는Under your control 목표를 구체적Specific으로 세울 수 있었고, 그 목표를 자기에게 암시했을 것이다.

긍정적인 방향Positive으로 목표를 세우는 것도 중요하다. "실수하지 말아야지"는 부정적인 방향의 목표이며 실수를 암시한다. 부정의 부정은 긍정이 되는 것이 아니다. "성공의 이미지를 그리겠다"는 것처럼 긍정의 표현으로 세우는 목표가 좋은 목표다.

SUPI 원칙 체크리스트

목표 (○ or×)
1. 2월까지 체중 2킬로그램 줄이겠다. ( )
2. 힘들 때 '아자!'를 외치겠다. ( )
3. 최선을 다해 뛰겠다. ( )
4. 훈련 때 약한 쪽을 50퍼센트 이상 쓴다. ( )
5. 동료보다 더 열심히 잘하겠다. ( )
6. 주어진 훈련보다 10퍼센트 더 하겠다. ( )
7. 목표가 없고 시키면 한다. ( )
8. 대화/격려/박수 10회 이상 하겠다. ( )
9. 공을 받기 전에 결정을 내리겠다. ( )
10. 프리킥 전에 성공 이미지 그리겠다. ( )
11. 시합 때 1대 1이면 돌파하겠다(FW). ( )
12. 게으름 피우지 않겠다. ( )
13. 골 안 먹겠다(실수를 안 하겠다). ( )
14. 훈련 때 재밋거리 3개 이상 찾겠다. ( )
15. 우승하겠다. ( )

SUPI 원칙을 지키면 노력을 더 많이 할 수 있다. 또 자신에게 주어진 목표를 달성하기 위해 본인에게 도움이 되는 방법을 찾는 데도 보탬이 된다. SUPI, 어떤 분야에서 뛰어난Superior 성취를 이루는 데 필요한 전략이자 좋은 자기암시 전략이다.

부정적 생각을 없애는 클립(clip) 기법 부정적 자기암시를 얼마나 자주 하는가를 자각하는 간단한 방법으로 '클립 기법'을 자주 권장한다. 클립은 사무실이나 집의 책상서랍에서 쉽게 찾을 수 있다. 크기가 작아서 호주머니에 휴대하기도 간편하다.

부정적인 말이나 생각이 떠오를 때마다 한쪽 호주머니에 넣어 둔 클립을 다른 쪽으로 옮긴다. 하루를 정리하는 저녁에 호주머니 속에 클립이 몇 개 있는지를 센다. 하루에 부정적인 말이나 생각을 얼마나 자주 했는지 알 수 있는 쉬운 방법이다.

클립의 숫자를 일지에 매일 적으면 부정적인 말이나 생각에 대해 자각하는 능력이 좋아질 것으로 기대된다. 또 부정적인 말이나 생각이 시작되는 초기에 정지시키는 능력도 좋아질 것이다.

운동선수 73명을 클립집단, 기록집단, 통제집단에 할당하고 부정적 자기암시를 자각하고 개선하려는 동기가 어떻게 달라지는가를 연구한 논문도 있다.

클립집단은 부정적인 자기암시를 할 때마다 클립을 옮기게 했다. 부정적 자기암시를 자각하는 훈련을 시킨 효과를 노린 것이다. 기록집단은 한발 더 나아가 부정적 자기암시를 언제 했고, 그 내용이 무엇이었으며, 부정적 자기암시가 어떤 결과를 초래했는지도 기록하게 했다.

연구 결과 클립집단과 기록집단 모두 부정적 자기암시를 자각하는 능력과 개선하려는 노력 수준이 비슷한 것으로 나타났다. 즉 클립을 옮기는 훈련만으로도 부정적 자기암시를 자각하는 데 효과가 있고 개선하는 데도 도움이 되는 것으로 밝혀졌다.

무심코 하는 부정적 자기암시는 자신도 모르는 사이에 실행을 방해하기 쉽다. 결코 그냥 놔둘 일이 아니다.

긍정적 생각으로 가득한 훈련일지 기록법 대학 야구선수 J군은 실수를 하면 그 생각이 잊히지 않고 계속 괴롭혀 실력이 늘지 않는다고 했다. 실수를 하고 나면 쉽게 잡을 수 있는 공도 실수할 것 같은 생각이 먼저 들어 집중을 방해했다.

실수 생각은 심지어 대회가 끝나도 남았다. "잘될 때 잘된 기억이 오래 남으면 좋은데 기억에 남는 것이 없다. 반대로 되면 좋겠는데 안 된다"고 했다. 실수 생각이 경기력에 큰 지장을 주고 있었다. J군에게 잘할 때의 느낌을 훈련일지에 적는 과제를 냈다. 매일 훈련할 때 자신이 잘할 때의 장면, 잘하는 방법을 일지에 구체적으로 적도록 했다. 예를 들면 "글러브에 공이 들어갈 때까지 시선을 고정" "자세를 낮춘다" "높은 공은 고개와 시선이 모두 따라간다" "넓은 스텝"처럼 기술적으로 좋은 것들, 잊지 말고 꼭 기억해야 할 것을 기록하게 했다. 자신만의 잘하는 비법이 기록될 것으로 기대했다. 그 이유는 이렇다. 잘하는 것이 99퍼센트 이상이면서 1퍼센트의 실수를 확대해 받아들이는 것은 불합리하다. 자신이 잘하는 것을 생각하는 것이 경기력에 훨씬 더 도움이 된다.

우리나라에서 대학 선수라면 잘하는 것이 무수히 많을 것이다. 그것을 놓쳐버리고 스스로 자책과 비판을 하는 것은 자신에게 큰 손해라는 점을 인식시켰다. 일지에 이런 내용이 기록되기 시작했다.

* 타석에서 여유 있었던 것이 좋았다.
* 타석에서 타이밍도 좋았다.
* 중심을 뒤에 두고 있어야 한다.
* 방망이 히팅 포인트를 눈앞에 두고 친다.
* 투 스트라이크 이전까지 노림수를 가지고 승부한다.
* 맞는 곳을 끝까지 본다.
* 수비 때 파이팅을 하고 즐기면서 하니 좋았다.
* 이를 악물고 정신 바짝 차리자.

2주 만에 다시 찾아온 J군의 표정이 밝았다. 일지 쓰기 과제에 대해 묻자 '놓치면 어떻게 하나'라는 생각은 많이 없어졌단다. 상담 전에는 '공을 놓치면 어쩌지'라는 생각이 먼저 들었다고 했다. "이제 '공이 오면 어떻게 해야겠다'라는 자세 대비가 먼저 생각난다. 훨씬 낫다"라고 답했다. 현재에 집중하고 현실적으로 최선의 대책을 찾는 생각을 많이 하게 되었다는 응답이었다.

잘하는 방법을 일지에 적기 시작하면서 긍정의 생각이 다시 살아났다고 했다. 고민거리가 많이 해결되었고 이를 악물고 정신을 바짝 차리는 계기도 마련되었다.

지금껏 부정적인 생각만으로 일을 제대로 처리하지 못했다면 이제부터라도 관점을 바꿀 수 있어야 한다. 우리가 미처 생각지 못하는 사이에 많은 것을 놓치고 있을지도 모르니까.

긍정의 샌드위치 기법

자신이 실수했을 때, 부모가 자녀의 잘못을 바로잡을 때, 교사가 학생의 실수를 꾸짖을 때, 직장 상사가 부하 직원의 미흡한 점을 지적할 때 긍정의 샌드위치(positive sandwich) 기법을 사용해보자.

샌드위치는 많은 사람이 즐기는 식품이다. 그 모양을 살펴보면 얇게 썬 두 쪽의 빵 사이에 고기, 야채, 치즈, 잼 등 재료를 넣어 만든다. 긍정의 샌드위치 기법은 누군가 실수했을 때 칭찬과 격려의 말로 실수를 바로잡도록 돕는 방법이다. 실수에 대해 비난하지 않고, 실수를 배움의 과정으로 간주하는 것이 중요하다. 칭찬과 격려로 실수를 감싸는 방식이 샌드위치와 닮아 있다.

방법은 3단계로 되어 있다. 먼저 실수했을 때 바로 실수를 언급하는 것이 아니라 칭찬 거리를 하나 찾아 칭찬해준다. 예를 들면 "오늘 움직임이 아주 좋다"라고 칭찬해준다.

그 다음 실수를 어떻게 고쳐야 하는지도 말해준다. 실수를 고치고 나면 더 잘할 수 있다는 점도 알려준다. "공을 잡을 때 두 손을 다 사용하자. 그래야 안정감이 좋아지겠지"라고.

마지막으로 격려의 말로 마무리한다. "자 다시 집중! 수비 실력을 확 키워보자"라는 격려의 말을 빼놓지 않는다.

자신이 한 실수뿐만 아니라 남이 한 실수에 대한 격려로 긍정의 샌드위치를 만들어보자. 학교에서, 직장에서, 군대에서, 스포츠팀에서 실수로 괴로워하는 누군가가 있다면 긍정의 샌드위치를 만들어 나눠주면 좋겠다.

02
상상을 성공으로 연결시키는 이미지 연상법

이미지를 그릴 때 가능한 한 여러 감각을 동원해보자.
시각뿐만 아니라 청각, 후각, 촉각, 운동감각도 이미지에 포함시킨다.
많은 청중을 대상으로 한 강연을 준비하는 경우 마이크 소리, 청중이 웅성거리는 소리,
심지어 책상과 걸상이 서로 부딪치는 소리 등 청각 정보도 이미 이미지에 녹아 있어야 한다.

상상의 놀라운 힘

우리 조상들은 이미지가 신체의 반응과 직접 연결된다는 것을 잘 알고 있었던 것 같다. 마음을 다스리는 방법에 대해 놀랄 정도로 정교한 설명을 한 조선의 학자 퇴계 이황도 이미지의 힘을 언급하고 있다.

퇴계의 《활인심방活人心方》에 실린 대목이다.

사람이 마음으로 뜨거운 불을 생각하고 있으면 몸이 더워진다. 찬물을 생각하고 있으면 몸이 차가워진다. 두렵고 무서운 일을 생각하면 머리털이 쭈뼛쭈뼛 선다. 놀라면 식은땀이 흐르고, 겁이 나면 떨리고, 부끄러우면 얼굴이 붉어지고, 슬프면 눈물이 나고, 욕망을 가지면 마음이 들뜨고, 기를 많이 쓰면 마비가 오고, 신맛을 생각하면 침이 고이고, 고약한 냄새를 생각하면 구토가 나고, 즐거운 일을 들으면 웃고, 슬픔을 당하면 울고, 웃으면 얼굴이 고와지고, 울면 얼굴이 일그러지고 흉해진다.

500년 전 퇴계가 펼쳐 보인 이미지와 몸의 커넥션에 관한 생각은 심리신경근 이론을 빼닮았다. 머릿속 이미지는 살아 꿈틀거리면서 몸의 반응으로 나타나는 것은 과학이 증거를 찾기 이전에도 유효했던 것 같다. 마음이 만드는 이미지를 잘 살려야 하는 이유는 500년 전이나 지금이나 차이가 없어 보인다.

이미지는 회상과 창조의 힘을 갖고 있다. 어떤 일이 끝난 후에 지나간 장면을 떠올려보고 다음에 어떻게 잘할 수 있을지 되돌아보는 데 이미지를 활용하기도 한다. 이미지를 회상의 목적으로 이용하는 것이다.

이미지를 이용하면 다양한 창조도 가능하다. 다가오는 중요한 일을 머릿속에 떠올려 어떻게 대처할 것인가를 구상할 수 있다. 인터뷰, 프레젠테이션, 시합, 시험을 앞두고 그 상황에 미리 가보는 것을 상상하는 것은 이미지로 미래를 만드는 것이다.

이처럼 이미지는 과거와 미래를 마음대로 오가게 한다. 타임머신과도 같다. 과거로부터 교훈을 얻어 미래의 일을 성공시키는 데 이미지는 중요한 역할을 할 수 있다.

이미지를 활용하는 능력은 인간만이 지닌 고유한 인지능력이 아닐까. 이미지를 활용하는 능력 덕분에 인간이 더 빠르게 발전한 것 같다. 최근에 일본 혼다는 아시모Asimo라는 인간을 닮은 로봇을 선보였다. 아시모는 단체로 춤을 추기도 하고 장애물을 피해 달리기까지 한다. 그런데 로봇의 모양이 전혀 낯설지 않다. 30년 전 초등학교 시절 자주 보던 공상과학 만화에 등장했던 로봇과 놀랄 만큼 닮은 모습이다.

만화가가 상상으로 만들었던 로봇이 몇십 년 후에 실제로 등장한 것은 놀라운 일이다. 기술이 발전해왔고, 그 산물로 아시모가 등장했다고 볼 수 있다.

그런데 만화 속에서 봤던 로봇과 아시모가 너무 닮아 있다. 만화가의 상상과 이미지를 쫓아 기술이 따라왔을 것이라는 생각도 든다. 만화가, 작가, 소설가가 펼치는 상상과 이미지 덕분에 과학과 기술이 더 빠르게 발전하고 있다면 이미지에는 기술을 선도하는 힘이 들어 있는 것이다.

2008년 베이징올림픽에서 역도의 장미란 선수는 세계신기록을 세우면서 금메달을 획득했다. 한국인의 체형으로 불가능하다고 여겼던 체급에서 따낸 금메달이라 특별히 소중하게 다가왔고 국민의 자부심도 컸다. 베이징올림픽을 앞두고 장미란 선수는 이미지 트레이닝을 한 것으로 유명하다.

그녀는 평소 훈련 때 훈련장 벽을 향해 눈을 감고 앉아 경기장에서 자신이 어떻게 행동할 것인지 아주 세부적으로 그렸다고 한다. 그리고 몇 개월 후 이미지 속의 장면이 실제로 이루어졌다.

이미지는 심상imagery이라고도 하는데 실제와 비슷한 감각, 지각, 감정을 지닌 기억 정보를 바탕으로 어떤 경험을 만들어내는 것을 말한다. 이미지는 의도적으로 조절할 수 있는 것이며, 실제 자극이 없더라도 마음속으로 만들 수 있다는 특징을 갖고 있다. 이미지는 시각만을 의미하는 것이 아니다. 청각, 운동감각 등 여러 감각을 동원할 수 있고, 감정과 분위기도 살릴 수 있다.

이미지 트레이닝은 개별 연구의 결과를 통계적으로 표준화시킨 수치인 효과 크기effect size가 0.48에서 0.82 정도면 운동 수행에 도움을 주는 것으로 알려져 있다. 0은 효과가 없는 것을 의미하고, 대략 0.7 이상이면 정책에 반영될 정도로 효과가 좋은 것을 의미한다. 이 정도 크기면 이미지 트레이닝을 한 집단의 평균이 표준편차보다 반 이상 높아지는 것으로 결코 무시해서는 안 될 상당한 효과로 해석한다. 미세한 차이로 승부가 결정되는 스포츠 세계에서 이 정도 효과는 특효약 수준이다. 모든 선수의 평소 훈련에 이미지 트레이닝을 추가하라는 새로운 정책을 펴야 할 정도로 우수한 효과임이 분명하다.

신체적인 동작은 하지 않고 머릿속으로 이미지를 떠올렸을 뿐인데 경기력이 좋아지는 효과가 나타난다. 물론 이미지 트레이닝이 실제 훈련을 대체할 수준은 안 된다. 실제 훈련을 충실히 하고 이미지 트레이닝을 추가적으로 할 때 경기력 증진 효과가 가장 좋다. 그래서 성장하는 어린 선수부터 엘리트 선수까지 평소에 이미지 트레이닝을 진지하게 실천할 필요가 있다.

아쉽게도 이미지 트레이닝을 훈련의 일부로 받아들이는 선수가 많지 않다. 국내 선수들이 생각하는 이미지 트레이닝의 시합 공헌도는 여러 심리 요인 중에서 10위 정도다. 외국 선수에 비해 한참 낮게 평가한다. 이미지 트레이닝의 효과에 대해 국내 선수들이 좀 더 관심을 가질 필요가 있다. 평소 훈련 일정에 10분 정도의 이미지 트레이닝 시간을 할당하는 것도 좋은 방법일 것이다.

스포츠심리학자들은 이미지 트레이닝의 효과를 설명하기 위해 여러 이론을 제안했다. 이론이 많다는 것은 하나의 메커니즘으로 설명하기가 어렵기 때문일 것이다.

그중 심리신경근 이론과 상징학습 이론이 있다. 심리신경근 이론은 머릿속에 어떤 동작을 떠올리면 실제 동작을 하지 않더라도 실제 동작 때와 유사하게 신경과 근육이 반응한다는 이론이다. 신경과 근육의 반응이 실제 동작과 비교해 강도는 낮지만 그 패턴이 아주 비슷하다고 본다.

실제 동작을 할 때 나타나는 신경과 근육의 반응 패턴을 현수막에 적힌 글씨라고 한다면, 이미지를 그릴 때의 반응 패턴은 현수막의 글씨를 A4용지에 축소한 것에 비유할 수 있을 것이다. 강도가 약할 뿐이지 실제 동작 때와 패턴이 아주 비슷하다는 점은 과학적인 실험으로 입증되었다.

훈련의 목적은 우리 몸의 신경과 근육의 반응을 자동화시키는 데 있다. 이미지 트레이닝을 하면 실제 동작을 하지 않더라도 실제 동작을 한 것과 유사한 신경 반응을 만들어낼 수 있다. 날씨나 부상 등 여러 제약 조건 때문에 실제 훈련을 못한다면 이미지 트레이닝이 그 공백을 어느 정도 메울 수 있는 것이다.

상징학습 이론도 설득력이 높다. 이미지 트레이닝을 하면 동작을 어떻게 하는가에 대한 '개념'이 뚜렷해진다는 설명이다. 여기서 개념이란 동작 수행에 대한 설계도면이자 컴퓨터 프로그램과 같은 것으로 볼 수 있다. 동작에 대한 개념이 보다 뚜렷해지기 때문에 운동 수행에 도움이 된다는 이론이다. 피겨스케이팅, 체조, 무용 선수들의 이미지 트레이닝은 동작순서나 연기 개념을 뚜렷하게 하려는 목적이 강하다.

이미지, 우리의 모든 감각을 포함한 것

운동선수들은 신체훈련(기술훈련, 체력훈련)과 함께 이미지 트레이닝을 한다. 그래서 스포츠과학에서는 선수들이 이미지를 어떻게 활용하는지를 알아보는 연구를 많이 해왔다. 2005년에는 《스포츠심상 *Imagery in Sport*》이라는 제목으로 단행본이 나올 정도로 이미지에 관한 지식이 축적되었다.

흔히 이미지라고 하면 어떤 장면을 떠올리는 것으로만 생각한다. 하지만 이미지에는 시각적인 것뿐만 아니라 청각, 후각, 운동감각 같은 다른 감각도 포함된다. 이미지를 만드는 시간과 빈도, 이미지 활용의 효과, 긍정적인 내용인지 부정적 내용인지의 내용 특성, 이미지를 둘러싼 분위기도 이미지의 내용에 포함된다. 또한 원하는 이미지를 원하는 대로 얼마나 잘 바꿀 수 있는지를 의미하는 조절력도 중요하다.

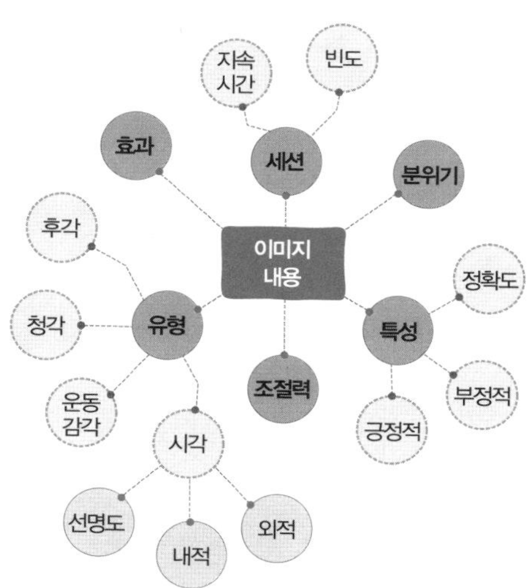

이미지는 시각적인 것뿐만 아니라 이미지를 그리는 지속시간과 빈도 등을 모두 포함한다.

성공 장면을
3D로 상상하기

몸을 실제로 움직이지 않아도 마음의 눈으로 자신의 동작을 머릿속에 떠올릴 수 있다는 것은 흥미로운 일이다. 이미지를 활용하면 대단한 일을 해낼 수 있다.

이미지로 어떤 기술을 연습하면 전혀 연습을 하지 않는 것에 비해 기술을 익히는 데 효과가 높다. 운동선수들은 이를 이미지 트레이닝이라고 부르는데 실험을 통해 그 효과를 입증한 종목은 수없이 많다. 농구 슈팅, 테니스 서브, 골프 퍼팅, 배구 서브, 축구 페널티킥, 피겨스케이팅, 수영, 화살던지기, 스키, 태권도, 필드하키, 암벽타기 등. 머릿속 이미지로 동작을 연습하는 것은 동작을 익히는 데 큰 도움이 된다는 연구가 보고되었다.

앞에서도 언급했지만 이미지 트레이닝이 실제로 몸을 움직여 하는 신체훈련에 비해 더 효과가 있는 것은 아니다. 생각만 해서는 제대로 된 성과를 얻을 수 없다는 뜻이다.

땀을 흘리며 체계적으로 반복 연습을 하는 신체훈련은 그 효과에서 이미지 트레이닝을 능가한다. 신체훈련은 하지 않은 채 상상만으로 신체훈련만큼의 실력 향상을 기대할 수는 없다. 신중한 생각 훈련을 통해 어떻게 움직여야 할지를 알았다면, 이제 몸을 움직일 차례다.

예를 들어 신체훈련을 1시간 한 것과 신체훈련과 이미지 트레이닝을 반반씩 1시간 한 것의 효과를 비교하면 신체훈련 1시간이 더 효과가 있다. 이는 어떤 일을 할 때 생각하는 것만으로는 별 소득이 없다는 것을 방증하는 예다.

생각하는 것(이미지 트레이닝), 행동하는 것(신체훈련)의 조합에 따른 효과는 다음과 같이 표현할 수 있다.

＊ 행동(1시간) 〉 행동(30분) + 생각(30분) 〉 행동(30분)
〉 생각(30분) 〉 아무것도 안 하는 상태

생각을 실천하는 일, 즉 행동하는 일은 사실 여러 가지 제약이 있다. 평소보다 몸이 피곤하거나 피로와 체력부담으로 훈련 시간과 강도에 제한을 받을 수밖에 없는 것이다. 하지만 이미지 트레이닝은 시간과 장소에 구애받지 않고 할 수 있다.

날씨가 나쁘거나 부상으로 신체훈련을 못하는 상황이라면 그냥 쉴 것이 아니라 이미지 트레이닝을 할 필요가 있다. 이미지 트레이닝은 신체훈련을 보완하는 효과가 있기 때문이다.

허리를 다쳐 책상에 앉지 못하는 학생이라면 누워서 눈을 감고 지금까지 배운 것들을 천천히 생각하는 것도 충분한 복습의 기회가 될 수 있다는 의미다.

동작을 직접 하기 전에 머릿속으로 이미지를 그리는 방법인 준비 심상preparatory imagery도 실용적이다. 어떤 동작을 하기 직전에 해야 할 동작을 미리 떠올리면 여러 혜택을 얻을 수 있다.

운동선수의 경우 근력과 근지구력을 향상시키고, 골프 퍼팅 실력뿐만 아니라 양궁과 사격의 경우 정확성도 높여준다. 앞 장에서 설명한 루틴도 미리 이미지로 그려보면 실제로 잘하는 데 도움이 된다. 어떤 동작을 잘하고 싶다면 동작 직전에 그 동작을 미리 머릿속에 떠올리는 것을 습관으로 만들 필요가 있다.

리플레이 심상replay imagery은 어떤 동작을 실제로 하고 나서 이미지로 다시 그려보는 연습법이다. 스포츠 중계방송 때 중요한 장면을 리플레이로 다시 보는 것과 같은 원리다. 어학공부를 할 때 자신의 목소리를 녹음해 반복해 들어보는 것도 리플레이 심상이다.

리플레이 심상도 신체훈련의 효과를 높이는 방법으로 추천된다. 방법은 간단하다. 먼저 배워야 하는 기술을 실제로 수행한다. 그리고 잠깐 멈춰서 눈을 감고 자신이 한 동작을 머릿속에 그려본다. 실제 동작과 이미지로 만든 동작에서 미세한 차이가 있는지도 확

인해본다.

연습할 때 실제 동작을 하고, 이어서 리플레이 심상을 한다면 연습량은 2배로 늘어난다.

'나는 두 번 연습한다. 실제로 한 번, 이미지로 한 번'을 실천한다면 실력이 쑥쑥 커나가는 것을 느낄 것이다.

이미지 트레이닝의 3대 조건 이미지 트레이닝을 좀 더 잘하고 싶다면 3가지 조건을 갖추는 것이 좋다. 첫째 멀티감각으로 이미지를 만드는 것, 둘째 성공 장면을 상상하는 것, 셋째 이미지의 선명도를 높이는 것이 그것이다.

우선 이미지는 시각만 동원되는 것이 아니다. 멀티감각을 활용해 이미지를 체험해야 한다. 이미지를 그릴 때 가능한 한 여러 감각을 동원해보자. 시각뿐만 아니라 청각, 후각, 촉각, 운동감각도 이미지에 포함시킨다. 많은 청중을 대상으로 한 강연을 준비하는 경우 마이크 소리, 청중이 웅성거리는 소리, 심지어 책상과 걸상이 서로 부딪치는 소리 등 청각 정보도 이미 이미지에 녹아 있어야 한다.

농구공이 손을 떠날 때 내는 소리, 야구 배트에 공이 제대로 맞는 소리, 골프 클럽의 스위트 스폿에 공이 맞는 소리 등도 마찬가지로 청각 정보다. 수영장의 특유한 냄새나 골프장의 자연 향기 등은 후각 정보다. 킥할 때 발등에 맞는 느낌, 골프 그립을 잡는 느낌은 촉각이다. 운동감각은 몸의 회전, 발과 다리의 위치나 속도감 등 몸의 움직임에 관한 느낌을 말한다. 체조선수나 다이빙 선수에게 특별히 중요한 감각이다.

다음으로는 성공 장면을 상상해야 한다. 성공 장면을 마음먹은 대로 떠올리는 능력을 조절력controllability이라 한다. 실수하는 장면이 계속 떠오르면 실제로 실수할 가능성이 높아진다. 무슨 말을 할까 우왕좌왕하면 오히려 준비한 말도 제대로 못하는 경우가 많다. 성공적으로 강연을 끝내고 청중에게 열화와 같은 박수를 받는 모습을 상상하는 편이 훨씬 낫다.

실제로 공을 치기 전에 실수하는 장면이 계속 떠오르더니 실수로 이어졌다고 말하는 선수가 많다. 자신이 바라는 장면, 성공하는 장면을 떠올릴 수 있어야 이미지를 제대로 활용하는 것이다. 성공의 비법을 신경망에 저장하고 싶다면 성공 장면을 상상해야 한다.

이미지를 효과적으로 사용하기 위해서는 선명도vividness도 중요하다. 선명도란 이미지를 실제처럼 생생하게 떠올리는 것을 말한다. 흑백보다는 컬러가 선명도가 높다. 보통 TV보다는 3D TV의 선명도가 더 좋다. 또 이미지로 그릴 때 동작이나 장면을 디테일하게 그린다면 선명도가 좋은 것이다.

이미지를 흑백으로 흐릿하게 그리는 것보다는 3D로 그리는 것이 더 좋은 효과를 가져온다. 멀티감각을 떠올리는 것도 선명도를 높이는 좋은 방법이다. 동작을 하기 전에 느끼는 긴장감, 동작을 성공시킨 후의 성취감 같은 감정을 이미지와 함께 살리면 선명도가 높아진다.

이미지가 주는 혜택을 최대로 얻기 위한 3가지 조건은 누구나 노력하면 얻을 수 있다. 멀티감각을 사용할 것, 성공 장면을 상상할 것, 감정까지 느껴지는 선명한 3D로 이미지를 만들 것. 이미지 활용의 핵심 수칙이다.

상상함으로써 얻는 것들

이미지는 동작을 할 때 자신의 눈에 비친 이미지를 상상하는 이미지 활용 방법인 내적 관점internal perspective과 자신의 동작을 외부의 관찰자 시점에서 상상하는 외적 관점external perspective에서 만들 수 있다.

내적 관점의 이미지는 자신의 관점에서 동작의 수행 장면을 상상하는 것이다. 마치 자신의 이마에 달린 소형 카메라에 찍힌 모습을 상상하는 것에 비유할 수 있다. 특수부대원이 작전을 수행할 때 헬멧에 달린 카메라가 작전 상황을 실시간으로 지휘본부로 보낸다고 한다. 특수부대원이 움직이면서 직접 보는 듯한 이미지가 전달된다. 시선이 이동하면 이미지도 계속 변하게 된다. 또 동작을 할 때 자신의 눈에 비친 모습이 이미지로 사용된다.

내적 관점의 이미지는 자신의 관점에서 만들어진 이미지이므로 동작할 때의 느낌인 운동감각을 생생하게 살릴 수 있다. 페널티킥을 하기 전에 내적 관점으로 킥을 성공시키는 이미지를 그리는 예를 들어보자. 먼저 자신 앞에 놓인 축구공이 보이고 골키퍼와 골대가 눈에 들어올 것이다. 골대 주변의 사진기자와 관중석 관중의 모습이 보이게 된다. 고개를 숙이면 자신의 축구화가 보인다. 하지만 뒤쪽에 있는 선수들이나 벤치의 감독 등 자신의 시야 밖에 있는 것은 이미지에 잡히지 않는다. 내적 관점으로 페널티킥 성공 장면을 상상하면 축구화가 잔디와 닿는 느낌, 달리는 속도감, 공이 뻗어나가는 스피드가 생생하게 느껴진다.

> 내가 만드는 이미지는 내가 움직이고 있을 때의 느낌을 그대로 느끼는 것에 가깝습니다. 비디오로 분석할 때에도 동작을 보고 나서 그때의 느낌을 몸으로 느끼려고 합니다. 내 모습을 떠올리기보다는 내가 움직일 때 일어나는 실시간으로 변하는 내적인 느낌을 주로 떠올립니다. 동작을 하는 나만의 프로그램이 체계적으로 잡힌 느낌입니다.
>
> \- 내적 관점으로 이미지를 그리는 선수

반면 외적 관점의 이미지는 경기장 밖에 설치된 카메라에 찍힌 모습처럼 자신의 동작을 외부의 관찰자 시점에서 상상하는 것이다. 페널티킥을 외적 관점에서 이미지로 만들면 선수 자신의 몸 전체의 모습이 보인다. 또 골키퍼, 뒤쪽에 있는 선수들, 관중도 이미지에 포함될 수 있다.

외적 관점의 이미지는 동작을 하는 장면을 외부 관찰자 시점에서 상상하게 되므로 생동감 있는 운동감각을 살려주는 효과는 내적 관점의 이미지에 비해 상대적으로 떨어진다.

> 실수를 보완할 목적으로 이미지 연상을 자주 사용합니다. 그 상황으로 돌아가 동작을 성공시키고 있는 내 모습을 떠올립니다. 카메라에 찍힌 나의 이미지를 떠올리는 것 같습니다. 실제로 내 눈에 보이는 것처럼 상상을 하기도 하는데, 외부에서 나를 볼 때와 같은 모습이 자주 그려집니다.
>
> - 외적 관점으로 이미지를 만드는 선수

엘리트 선수는 비엘리트 선수에 비해 내적 관점의 이미지를 더 자주 사용하는 것으로 알려져 있다. 물론 각자의 장단점이 있다. 외적 관점의 이미지는 이마에 달린 카메라에 비친 모습처럼 동작의 순간마다 실제로 움직이는 듯한 느낌을 주기 때문에 신경근 활동을 촉진하는 효과가 있다.

내적 관점의 이미지나 외적 관점의 이미지 모두 동작의 수행을 향상시키는 효과가 있다. 내적 관점의 이미지가 운동감각을 더 살려주기는 하지만 개인에 따라선 내적 관점의 이미지를 만드는 데 어려움을 겪기도 한다. 내적 관점과 외적 관점의 이미지를 비교 실험해보고 자신에게 어떤 것이 적합한지 찾아볼 필요가 있다.

상상해서 얻을 수 있는 것 이미지를 활용하면 얻을 수 있는 혜택은 생각보다 다양하다. 생활에서 필요한 여러 기술(스포츠 동작, 면접, 강연, 운전, 악기 연주, 기계 조작 등)을 습득할 때 이미지를 자주 떠올리면 학습 속도가 빨라진다. 시합, 시험, 면접, 공연, 프레젠테이션 같은 중요한 이벤트를 성공적으로 마치기 위해 준비할 때도 이미지를 활용할 수 있다.

이미지를 활용하면 자신감을 높이고 동기를 끌어올릴 수도 있다. 감정을 조절하고 불안을 낮추는 것도 가능하다. 직장, 가정, 스포츠, 교육, 군대, 비즈니스 등 사회의 중요한 영역에서 성공한 많은 사람이 이미지의 도움을 받았다.

이미지를 활용하기 가장 좋은 때는 기술을 습득하는 상황이다. 생활 속에서 필요한 여러 기술을 배울 때 실제 동작을 하기 전에 매번 이미지로 성공 장면을 떠올려보자. 동작에 대한 개념을 보다 쉽게 잡을 수 있다. 운전을 배울 때, 인라인스케이트 · 스키 · 수영 · 테니스 같은 스포츠 기술을 배울 때 동작 전후에 이미지를 떠올리면 좋다. 동작할 때마다 이미지로 한 번 더 그렸다면 연습량은 2배로 많아진다.

실수를 바로잡을 때는 리플레이 심상을 사용해보자. 실수를 한

뒤에 자신을 비난하는 것은 에너지 낭비다. 오히려 그 장면을 성공시키는 이미지를 뚜렷하게 그려보는 것이 좋다. 이미지에 감정까지 살려 감정을 조절하는 것도 함께 연습한다.

실수 직후에는 성공 장면을 떠올리는 것이 도움이 된다. 실수를 한 것은 사실이지만 즉시 성공 장면을 떠올리면 '아깝다, 다음에는 성공시킬 수 있다'는 생각이 들기 때문이다. 실수의 순간에 자책하고 좌절하기보다는 이를 오히려 성공 자신감을 높일 수 있는 기회로 삼자.

이미지를 활용하면 전략적으로 다양한 시뮬레이션이 가능하다. 군대에서는 임무수행 전에 자신이 무엇을 할 것인지 미리 이미지로 떠올려보기도 한다. 스포츠에서 시합을 앞두고 지도자가 선수들에게 공격과 수비 전략을 지시하면, 선수들은 이미지를 활용해 자신의 전략을 머릿속에 프로그램으로 기억해둔다. 교체 투입을 앞둔 선수는 벤치에서 기다리는 동안 자신이 어떻게 플레이해야 할지 이미지로 연습하기도 한다.

면접에 임할 때, 프레젠테이션을 할 때의 전략도 이미지로 미리 준비할 수 있다.

특별히 중요한 일을 앞두고 아주 강한 집중 포인트를 만들기 위해서도 이미지를 활용할 수 있다. 올림픽과 같은 중요한 시합이나 이벤트에 참가하면 평소에 경험하지 못한 수많은 방해요인을 접하게 된다. 어디에 어떻게 집중할 것인지를 미리 준비하지 않으면 예상치 못한 일로 인해 준비한 것을 보여주지 못할 수 있다.

'상황이 어떠한가?' '어디에 집중할 것인가?'라는 두 가지 질문을 던지고 이미지를 활용해 낯선 환경을 익숙하게 만들어야 한다. '상황이 어떠한가?'는 시합이 진행되는 곳의 관중, 심판, 날씨 등 모든 환경을 생생하게 이미지로 떠올리게 하는 질문이다.

'어디에 집중할 것인가?'라는 질문은 실제 동작을 하는 사람에게 굉장히 중요하다고 할 수 있다. 실제 상황에서 감정의 변화나 예상치 못한 일이 일어나더라도 성공을 위해 반드시 집중해야 할 포인트가 무엇인지를 미리 정하기 위한 질문이기 때문이다. 이미지의 창조 능력을 활용해 집중 포인트를 정해 두어야만 준비한 것을 성공시킬 수 있다.

성공 장면을 자주 떠올리면 자신감 또한 상승한다. 자신이 잘한 장면을 회상하고, 그때의 느낌을 되살리면 기분이 좋아지고, 다시 도전했을 때 성공 가능성도 높아지는 일석이조 효과가 있다. 실수에 대한 부담감이 큰 상황을 앞두고 머릿속으로 성공 장면을 그릴 수 있다면 당당함도 유지할 수 있다.

몸이 아픈 경우나 부상을 당했을 때는 신체훈련을 하기 힘들다. 그런 경우 이미지를 활용하면 기술과 전략을 마음속으로 연습할 수 있다. 부상 선수의 경우 팀 훈련을 참관하면서 자신이 실제로 하는 느낌이 들도록 이미지로 따라 하는 것도 좋은 방법이다. 부상 회복 후에 자신이 멋지게 플레이하는 이미지를 자주 그려보고, 긍정적인 생각을 자주 하는 선수일수록 회복기간이 짧았다는 연구도 있다.

활력이 떨어지거나 피곤함을 느낄 때도 이미지로 에너지를 충전할 수 있다. 힘을 더 발휘해야 한다면 강한 힘을 발휘하는 이미지를 떠올린다. 힘을 쓰는 기계, 기관차의 이미지를 생각해도 좋고 강력한 에너지를 내는 자연의 일부를 떠올리는 것도 가능하다. 예를 들어 힘센 동물의 이미지도 활력을 얻는 데 도움을 줄 수 있다. 가볍게 떠다니는 구름의 이미지는 달리기를 한결 쉽고 부드럽게 느끼게끔 한다.

똑똑한
이미지 트레이닝법

이미지를 이용하면 낯선 장소에도 미리 가볼 수 있다. 평소 매일 사용하던 연습장을 순간적으로 시합장소로 바꿀 수도 있다.

평소에는 잘하다 막상 낯선 상황이 닥치면 제 실력을 발휘하지 못하는 경우가 많기 때문에 작은 실수에도 당락이 뒤바뀌는 일을 하는 많은 분야의 전문가들이 이미지를 활용하고 있다.

시합을 준비하는 운동선수 중에도 늘 성공 장면을 꾸준히 그려보는 선수가 많다. 심지어 특수 임무를 수행하는 특수부대 군인, 범인 검거에 나서는 경찰, 중요한 수술을 준비하는 외과 의사, 우주 비행에 임하는 우주비행사도 이미지를 부지런히 활용한다.

나 역시 운동선수의 심리훈련을 위해 이미지 트레이닝을 자주 권장한다. 이미지 트레이닝의 효과는 과학적 근거로도 설명할 수 있지만 무엇보다 경험이 말해주는 설득력이 크다. 올림픽에 출전한 선수를 대상으로 조사한 결과를 보면 메달을 획득한 선수와 그러지 못한 선수를 가르는 요인에 이미지 트레이닝이 포함되어 있다. 성공 장면을 꾸준히 그려보는 선수가 실제 시합에서도 성공할 가능성이 높다는 설명이다.

훌륭한 선수 중에는 이미지 활용의 대가大家가 많다. 이들이 이미지를 사용하는 방법은 이미 검증을 마친 셈이다. 이미지를 어떻게 사용하느냐에 따라 성공 방정식이 달라질 수 있다. 아래에 이미지를 똑똑하게 활용하는 방법 몇 가지를 소개한다.

연습장 펼치기 전략 나는 초등학교 5학년인 어린 골퍼를 상담하는 과정에서 독특한 이미지 활용방법을 배웠다. '연습장 펼치기'라고 이름을 붙인 이 방법은 보통의 이미지 트레이닝과는 좀 다르다. 일반적인 선수들은 연습 때 시합을 가상하고 이미지로 동작 떠올리기를 자주 한다. 연습 때 늘 경기 순간을 상상하며 실제 시합하는 듯한 긴장감을 높이려 노력한다.

그러나 이 선수는 나이가 어린 탓인지 이미지 상상법도 참 재미있었다. 그린(풀밭) 위에 마치 그림을 그리는 것처럼 머릿속에 거리를 표시하는 것이다. 연습 때도 늘 자신의 머릿속에 큰 도화지를 두고 그린에 일일이 거리를 표시한다. 그러고 나서 자신이 표시한 거리만큼 힘의 강약을 조절해 치면 실제 시합에서도 실수가 적고,

효과도 좋다는 것이다.

이는 시합을 하면서 연습장의 느낌을 그대로 옮겨오는 독특한 이미지 활용전략이다. 이미지 트레이닝은 연습 때 시합에 익숙해질 수 있도록 하는 일종의 미래 대비 방법이지만, 연습장 펼치기 전략은 시합 때 연습장의 익숙함을 가져오는 과거 회상 방법이다. 내 생각에는 시합 때 연습의 느낌을 그대로 살릴 수 있는 최고의 방법인 것 같다. 누구도 가르쳐주지 않았을 이런 이미지 활용법을 자신만의 독특한 심리 전략으로 활용하는 어린 선수가 기특하기만 하다.

피겨 선수 중에는 항상 벤치에 곰인형을 두고 연습하는 선수도 있다. 주인이 연습하는 동안 곰인형은 벤치에서 주인을 다정하게 지켜보고, 선수는 곰인형을 통해 편안함을 느끼게 된다.

시합 때도 곰인형을 벤치에 두면 연습 때와 유사한 편안함을 얻는다고 한다. 곰인형을 보는 순간 시합의 긴장과 압박감이 누그러지고 연습 때 벤치에 곰인형이 놓여 있던 이미지가 떠오르면서 연습 때의 익숙함이 느껴진다고 한다. 이런 방법을 통해 시합의 긴장감을 연습장의 익숙함으로 바꿀 수 있다.

자신이 좋아하는 곰인형 디자인의 클럽 커버를 사용하는 골퍼도 있다. 과거의 좋은 이미지를 회상케 한다는 측면에서 연습장 펼치기 전략과도 닮았다. 이처럼 이미지는 한순간에 몸과 마음의 상태를 바꿀 수 있는 강력한 힘을 지니고 있다.

3차원 탄도 이미지 2008년 프로골프 남자 신인상을 받았고 2010년에는 꿈의 무대인 미국 PGA 정회원이 된 강성훈 프로는 남다른 방법으로 이미지를 활용한다. 그는 다른 선수들이 훈련하듯 공이 낙하할 거리나 낙하 지점을 목표로 정하지 않는다.

대신 탄도trajectory를 목표로 한다. 탄도란 공의 비행 궤적이다. 공의 높고 낮음, 그리고 공의 방향성을 모두 고려한 3차원 공간에서 공의 비행 궤적을 이미지로 그려 목표로 정한다. 바닥이라는 2차원 면에 목표를 정하는 것과는 차원이 다르다.

강성훈 프로는 연습장에서 여러 샷에 대해 자신만의 독특한 방식으로 3차원 이미지라 할 수 있는 탄도 목표를 정한다. 그가 자주 하는 탄도 목표샷은 몇 가지로 정해져 있다. 낮은 각도 샷, 오른쪽 공간을 막은 샷, 아주 낮은 각도 샷, 보통 샷, 페이드 샷, 100미터 안쪽 샷, 어프로치 샷으로 탄도 이미지를 따라가는 샷 연습을 한다.

그 이유는 연습장 공의 품질을 믿지 못하기 때문이란다. 연습장 공의 탄성이나 마찰력, 무게 등이 시합구와 차이가 난다고 생각하는 것 같다. 연습장에서 아무리 거리가 잘 나오더라도 시합에서는 공이 다르기 때문에 그 거리가 나오지 않을 가능성이 높다고 생각한다.

대신 그는 연습장에서 3차원 공간에 이미지로 탄도를 정하고 훈련을 한다. 원하는 탄도가 나오면 실제 시합에서 목표 지점에 공을 쉽게 보낼 수 있다고 한다. 3차원으로 탄도 이미지를 만들면 이미지의 선명도를 높이고 멀티감각을 동원하는 데도 도움이 될 수 있다. 3차원 공간에서 궤적을 확인할 수 있으며, 시합에서는 2차원의 목표 지점에 정확하게 보낼 수 있다고 믿는다.

3차원 탄도 목표 연습법은 실제 시합에서 성공 가능성이 더 높다. 공이 실제로 낙하할 지점이 골퍼가 위치한 지점보다 높거나 낮을 수 있기 때문이다. 이미지로 탄도를 그려 그대로 칠 수 있다면 실제 골프장에서 지형적 영향을 덜 받을 수 있을 것이다. 지형지물을 따라서 비행하는 크루즈미사일의 원리와 같다고나 할까.

강성훈 프로는 목표 지점에 공을 보내는 3차원적 스키마schema를 준비한 셈이다. 스키마는 어떤 일을 일정한 원칙에 따라 체계화하는 틀이다. 스포츠에서는 운동 기술이나 동작을 수행하는 일반적인 법칙 또는 프로그램이라고 할 수 있다. 연습은 스키마를 만드는 과정이다. 스키마가 형성되면 복잡한 일은 단순한 것으로 바뀐다. 상황 대처 능력도 높아진다.

한 차원 높은 수준에서 이미지를 활용할 수 있다면 낮은 차원의 문제는 쉽게 해결된다. 가혹조건에서 훈련하라는 훈련 원칙에도 잘 맞는 방법이다.

성공한 사람들의 이미지 트레이닝

유럽 축구에 진출한 기성용 선수는 개인 연습을 많이 하는 것으로 유명하다. 기성용 선수의 개인 연습은 코칭 스태프가 공개적으로 칭찬할 정도다.

사실 공식적인 연습보다는 그에게는 비공식적인 개인 연습이 더 효과가 있었다. 자신의 목적에 맞도록 맞춤식으로 훈련할 수 있기 때문이다. 그는 팀 공식 훈련이 끝나면 남아서 1시간 더 공을 찼다. 새벽이나 야간에도 훈련장을 찾아 혼자 연습을 했다. 주로 킥 연습을 했다.

그는 혼자서 공을 상대로 연습한 것이 아니다. 이미지로 다양한 상황을 만들고 킥 연습을 했을 것이다. 빈 운동장에서 혼자 외롭게 공만 찬 것이 아니라 늘 실전의 이미지를 떠올리며 운동했을 것이다. 머릿속에는 실전에서 나올 수 있는 모든 상황을 펼쳐놓고 킥이 성공할 수 있도록 개인 연습을 했을 것이다.

동계 올림픽 쇼트트랙에서 금메달을 딴 한 선수는 샤워장에서 개인 연습을 했다. 빙판도 아닌 태릉선수촌 숙소 샤워실에서 혼자 연습을 할 수 있었던 것은 이미지로 하는 트레이닝이라서 가능하다. 샤워실 개인 연습은 가까운 동료도 눈치를 챌 수 없었을 것이다. 샤워를 하는 시간에도 그녀는 자신에게 필요한 훈련을 충분히 할 수 있었다.

이미지와 함께하면 파트너 없이도 혼자 훈련할 수 있다. 가끔 혼자서 이미지가 만드는 박진감 넘치는 상황에 대처하다 보면 시간 가는 줄도 모를 때가 있다.

이미지가 잘 그려지지 않는 사람은 이미지를 떠올려주는 도구를 사용하면 좋다. 종이paper와 펜pen만을 이용하는 PP 이미지 트레이닝을 할 수 있다.

도구의 범위는 무한대다. 말이 도움이 될 수도 있고, 음악이 도움을 줄 수도 있다. 그림이나 비디오 영상이 도움을 주기도 한다. 종이와 펜을 이용해 시합을 성공적으로 수행하는 장면을 직접 그리는 선수도 있다. 종이와 펜만 있으면 어디서나 이미지 트레이닝을 할 수 있어 편리하다.

방법도 직관적이다. 시합이 진행되는 장면의 특징이 드러나도록 종이에 그림을 그린다. 그리고 펜으로 자신이 어떻게 할 것인지 선이나 점으로 실제와 비슷한 속도로 그려 나가면 된다. 멀티감각을 떠올려 성공하는 장면을 그려야 한다. 시합에 출전한 선수라면 시합 전날 PP 이미지 트레이닝으로 성공을 미리 체험하는 습관을 길러보자.

피겨스케이팅, 체조, 리듬체조처럼 정해진 무대에서 연기를 해야 할 때 PP 이미지 트레이닝은 많은 도움이 된다. 이는 내비게이션에 의존하지 않고 자신의 경로를 미리 종이와 펜으로 그려보고 출발하는 것과 같다.

WTF Walking Through Floor라 불리는 이미지 트레이닝 기법은 걸으면서 하는 이미지 트레이닝이다. 피겨스케이팅, 체조, 무용 등의 연기를 준비할 때 음악에 맞춰 가볍게 걸으면서 이미지로 실제 연기를 해보는 방법이다. 산책을 하면서도 가능하다. 종이와 펜을 이용하는 것에 비해 운동감각을 더 살려줄 수 있다.

이미지 트레이닝의 효과를 높이는 방법

- 집, 숙소, 라커룸, 벤치, 경기장 등 여러 상황에서 시도해본다.
- 슬로 모션이나 빠른 동작이 아니라 실제 동작 속도로 상상한다.
- MP3 플레이어 등 이미지 생성을 돕는 장비를 사용한다.
- 이미지와 함께 그 순간의 감정, 몸의 반응, 행동도 떠올린다.
- 공을 다루는 동작뿐 아니라 공이 날아가는 모습도 상상한다.
- 공을 상대편에게 빼앗기는 등 구체적인 장면과 상황을 설정한다.
- 이미지 트레이닝 일지를 기록해 체계적으로 실천한다.

하일성의 야구 미리 즐기기 사회 각 분야에도 이미지를 잘 활용하는 사람이 많다. 작가, 음악가, 화가, 디자이너부터 군인, 소방관, 기술자, 교육자, 연구자에 이르기까지 수많은 사람들이 자신의 영역에서 이미지를 사용하고 있다. 이미지는 과거로부터 교훈을 찾게 해주고, 미리 성공의 기쁨을 맛보게도 한다.

야구 경기를 보는 즐거움 중 하나는 명쾌한 해설을 듣는 것이다. 잘 들어맞는 예측 설명을 잘하는 하일성 해설위원도 이미지로 해설을 준비한다고 한다. 그는 시합 전날 이미지로 시합의 다양한 상황을 설정한 다음, 그 상황에서 어떤 해설을 해야 할지를 찾아서 철저히 준비한다.

예를 들어 투수와 타자가 맞붙는 상황에서 나올 수 있는 경우의 수를 모두 찾아 어떻게 해설하는 것이 좋을지 찾는다. 삼진을 당한 경우, 안타를 때린 경우, 홈런이 나온 경우를 가상해 두고 그 상황에 맞는 감칠맛 나는 해설을 시의적절하게 할 수 있도록 혼자서 미리 준비하는 것에 익숙하다고 한다.

하일성 해설위원이 하는 해설은 경기 당일 즉석에서 나온 것이 아닌 것이다. 전날 이미지로 경기 상황을 떠올려보고 내일의 해설을 준비해 두었다. 경기 당일 해설은 전날 준비한 것의 일부를 보여준 것뿐이다. 즐거운 해설 뒤에 숨겨진 정성이 빛난다.

화진화장품 강현송 회장도 이미지를 잘 활용해 성공한 케이스다. 화진화장품 본사의 대형 강당에서 한국스포츠심리학회 연수가 열린 적이 있다. 학회 행사는 보통 대학이나 리조트 시설에서 진행되는 것이 관례라 굳이 특정 회사에서 학회를 위해 시설을 제공할 이유가 없었다. 그래서 화진화장품이 이런 시설 제공을 하는 연유가 궁금했다.

알고 보니 연수 첫날 특강 연사로 나선 강 회장의 연설 내용에 그 답이 있었다. 그가 화진화장품 회장이 되기까지, 그리고 성공적인 회사 운영에는 자신만의 독특한 이미지 트레이닝이 한몫했다고 한다. 지금껏 그는 직원 대상의 연수, 외부 강연, 프레젠테이션 등을 준비할 때 늘 이미지 트레이닝을 해왔고, 일을 하는 데 큰 도움이 되었다고 한다.

언제나 사원들 앞에서 연설할 기회가 생기면 전날 연설하는 자신의 모습을 떠올리며 철저히 준비했다고 한다. 하물며 신입사원과의 면담 준비도 이미지로 한다니 그가 얼마나 이미지 트레이닝을 실생활에 잘 응용하는지를 미루어 짐작할 만하다.

그는 "내가 오늘날 이렇게 CEO가 된 것은 이미지 트레이닝을 잘 활용했기 때문이다"라는 믿기 힘든 말도 했다. 연수에 참석한 100여 명의 서울시 태권도협회 소속 태권도 관장과 사범들은 놀랄 수밖에 없었다.

이미지 트레이닝은 대개 운동선수가 사용하는 것으로 알려져 있기 때문이다. 하지만 성공한 기업인도 이미지 트레이닝을 해왔다니 기업 경영과 스포츠도 닮은 점이 꽤 많은 듯하다. 이처럼 이미지 트레이닝은 선수만을 위한 것이 아닌, 기업 경영자에게도 미래에 대비할 수 있는 해결책을 제시하는 좋은 방법인 것이다.

Part 3

강심장
실전 트레이닝

01
통제 가능성 트레이닝

자신에 대해 불필요한 나쁜 말을 들으면 "그 말은 나에 대한 것이 아니라
그 사람에 관한 것이 아닌가?"라는 질문을 해봐야 한다.
근거 없는 나쁜 말에는 그 사람의 심리상태가 반영된 경우가 많다.
내가 노력해 좋은 일을 달성했는데 나의 나쁜 점을 의도적으로 꼬집는 의도가 있을 것이다.

나쁜 말에 흔들리지 않는 법

상하관계를 중시하는 우리 사회에서 후배가 서러움을 느낄 때가 많다. 군대뿐만 아니라 학교, 직장에서도 후배는 선배의 눈치를 봐야 한다. 스포츠팀에서도 예외는 아니다. 선배가 후배에게 어떤 부담을 주는지 선배는 알지 못한다. 모든 것이 후배에게만 일방적으로 떠넘겨지는 경향이 짙다.

한 프로배구팀 K선수는 팀에서 세터이며 나이가 가장 어리다. 배구는 '세터 놀음'이라 할 만큼 세터의 역할이 중요하다. 세터가 흐름의 주도권을 잡거나 끊을 수 있다. 세터가 부담을 느끼면 특정 선수에게만 공을 몰아준다. 그러다 보면 상대가 공격 흐름을 읽어 공격을 쉽게 차단한다. 세터가 편안한 마음을 갖고 있지 않으면 팀의 강점을 살리지도 못하고 창의적인 세팅도 나오지 않는다.

K선수의 세팅에는 문제가 없었다. 다만 공격이 실패하면 자신이

세팅을 잘못했다는 부담감을 크게 느꼈다. 그런데 그 부담감을 선배가 키우고 있었다. 팀의 공격수는 주로 선배가 맡았다. 선배들은 스파이크를 득점으로 연결하지 못하면 세터에게 기분 나쁜 행동을 했다. 이 행동은 아주 은밀하고 미묘해 관중이나 벤치는 알아채지 못했다. 세터에게는 분명하게 전달되었다.

그때부터 K선수는 위축되기 시작했다. "나는 잘 세팅했는데, 선배가 잘못한 것 같은데"라고 마음속으로 생각했다. 하지만 실패에는 세터와 공격수가 모두 관련된다. 막내인 세터는 부담감이 커지고 긴장된다. 시선이 흔들리고 지나간 실수가 머릿속에 가득 찬다. 나쁜 생각이 자신의 내부로 향하고 있다.

플레이가 잘될 때는 자신 있게 한다. 하지만 선배 공격수가 좋지 않은 표정을 짓고 기분 나쁜 행동을 보이는 순간 집중의 패턴이 돌변한다. 선배가 신경 쓰이고 몸은 위축된다. 어디에 집중해야 할지 도무지 갈피를 잡지 못한다.

선배가 후배에게 책임을 떠넘기는 상황이다. 후배는 선배의 부담을 어떻게 극복해야 할까. 상담을 통해 K선수에게 우선 선배의 행동에 담긴 욕구를 파악하게 했다. "선배가 실수한 것이고 자존심을 보호하기 위해 그런 행동을 한 것이다"라는 결론을 내릴 수 있었다. 나에게 기분 나쁘게 한 것은 나와 관련된 것이라기보다는 선배와 관련된 것이었다. "공격수는 어떤 공이든지 해결해야 하지 않는가? 공격 실수에 대한 책임이 100퍼센트 나에게 있는 것은 아니다"라는 생각도 갖게 되었다.

선배가 하는 기분 나쁜 행동으로 인해 감정이 흔들려서는 안 된다. 선배가 왜 그런 행동을 했는지 의도를 파악하는 것이 필요하다. 나쁜 행동은 나에 관한 것이 아니라 선배에 관한 것이라는 결론에 도달한다. "선배가 자존심을 보호하려고 하는 행동이다. 내가 이해하자. 내가 먼저 나서서 조율하자"라고 마음을 바꾸면 집중이 다시 살아날 수 있을 것이다.

나쁜 말은 무시하라 생활 속에서 남들이 하는 나쁜 말로 인해 집중이 흔들릴 때가 자주 있다. 남들의 수군거림과 뒷담화로 맘고생을 하는 사람도 많다. 직접적으로 기분 나쁜 말을 듣기도 한다. 나쁜 말을 하는 사람이 어떤 의도를 갖고 있는지 확인하기는 어렵지만 말 한마디로 마음에 상처를 받을 수 있다. 나쁜 말 때문에 상당 기간 해야 할 일에 집중하지 못할 수도 있다.

자신에 대해 불필요한 나쁜 말을 들으면 "그 말은 나에 대한 것이 아니라 그 사람에 관한 것이 아닌가?"라는 질문을 해봐야 한다. 근거 없는 나쁜 말에는 그 사람의 심리상태가 반영된 경우가 많다. 내가 노력해 좋은 일을 달성했는데 나의 나쁜 점을 의도적으로 꼬집는 의도가 있을 것이다.

나쁜 말에 대해 감정적으로 반응하기보다는 그 사람의 욕구를 이해할 필요가 있다. 본인 스스로 좋은 성과를 내기 힘들다는 것을 스스로 인정하는 것일 가능성이 매우 높다. 근거 없이 무의식적으로 나쁜 말을 하는 사람이 있다면 본인이 그런 일을 할 수 없다는 것을 스스로 인정하는 것일 수도 있다. 자신의 자존심을 보호하려는 전략인 것이다.

나쁜 말을 들으면 감정적으로 흔들리지 말고 혹시 그 말을 하는 사람에 관한 사실이 아닌가를 따져본다. 그 사람이 이런 말을 하는 욕구가 무엇인지를 파악하는 것이 중요하다. 자존심을 보호하기 위해, 권위를 세우기 위해, 또는 능력을 인정받기 바라는 마음에서 그런 말을 했을 것이다.

나아가 나쁜 말을 듣더라도 본인에게 득이 되도록 긍정적으로 해석하는 것도 필요할 것이다. 나쁜 말을 들으면 나의 분발을 위한 기회라고 생각하고 좀 더 집중하는 기회로 삼는 것이 좋겠다. 내가 무심코 던진 말이 다른 사람의 마음을 흔들어 놓을 수 있다는 점도 알아야 한다. 긍정적인 대화와 격려의 말이 필요한 이유가 너무 많다.

인터넷 악플에 대처하는 법도 마찬가지다. 스포츠 스타, 연예인처럼 인기 있는 스타들이 악플로 마음고생이 심하다고 한다. 스포츠 구단에서는 마케팅 차원에서 소속 선수에게 트위터, 페이스북, 미니홈피 사용을 권장하기도 한다. 물론 팬과 소통할 수 있다는 점에서 장점이 있지만 부작용도 만만찮다. 팬들의 악플로 선수가 충격을 받을 수도 있기 때문이다.

사실 많은 팬은 자신이 응원하는 선수에게 칭찬과 격려의 메시지를 전한다. 선수가 잘하든 못하든 관계없이 긍정적인 메시지로 힘을 보탠다. 하지만 악플로 선수에게 심적 부담을 주는 팬들도 있다. 악플을 단 팬은 선수에 대한 실망감을 표현한 것이겠지만 내용이 공개되는 순간 해당 선수는 심리적으로 심한 상처를 받을 수 있다.

악플을 단 사람은 특별히 악의가 없었다고 할 수 있지만 받아들이는 사람은 커다란 의미를 부여할 수 있다. 일부 팬의 악플에 시달린다면 이를 슬기롭게 대처하고 집중할 수 있어야 무리 없이 선수 생활을 계속할 수 있다.

악플에 대처하는 자신만의 방식을 미리 만들자. 자신이 신경을 쓸 일인지 아닌지를 분명히 구분하면 좋다. 악플에 신경 쓰지 않고 집중할 수 있는 기술, 제대로 배워야 한다.

통제 가능성 구분하기

경기 중에 관중석에서 나쁜 말이 들리자 선수가 관중석으로 뛰어 올라간 일이 있었다. 이 선수는 관중석에서 팬과 주먹다짐을 했다. 양팀 선수, 심판, 관중, 그리고 카메라가 모두 이 장면을 지켜보고 있었다. 관중이 하는 말을 선수가 통제할 수 있을까? 관중의 말은 선수의 통제 범위 밖에 있다는 것을 알았다면 이런 사건이 일어나지 않았을 것이다.

상대 선수가 기분 나쁜 행동을 했다고 비신사적 행동을 하는 선수도 자주 볼 수 있다. 상대 선수의 행동은 자신의 통제 범위 밖에 있다. 통제 범위 밖에 있는 것에 집중하는 것은 집중 에너지를 낭비하는 것이다. 통제할 수 없는 것에 집중하다 보면 지금 해야 할 일에 집중하지 못한다. 당장 해야 할 일이 앞에 있는데 마음이 다른 곳에 가 있으면 자신에게 큰 손해다.

날씨에 대해 불만을 표현하기도 한다. 날씨가 맘에 들지 않자 나쁜 말을 하면서 신경을 쓰는 것이다. 비 오는 것, 바람 부는 것, 해가 뜨는 것 등은 통제 범위 밖에 있는 일이다. 아무리 애를 써도 어떻게 할 수 없는 것이다. 날씨로 인해 경기가 지연되는 것도 마찬가지다. 경기가 지연되지만 않았더라면 지금까지의 좋은 컨디션으로 이길 수 있었는데 왜 이런 일이 생기는지 아무리 따져봐도 소용없다.

스코어나 결과도 선수의 통제 범위 밖에 있다. 금메달을 놓치면 어떡하나, 스코어가 왜 이렇게 안 나오나 등 스코어 생각에 압도당할 때도 있다. 스코어나 결과는 상대 선수에 의해 결정된다. 나의 통제 범위 밖에 있다. 그리고 미래의 일이다. 미래의 일이어서 지금 아무리 애를 써도 어떻게 되지 않는다. 현재의 집중만 나빠진다. 불안이 높아지고 자신감에도 결코 도움이 안 된다.

"그만, 통제 밖에 있는 것이다. 잊자"라고 자신에게 소리쳐야 한다. 사실 통제 범위 안에 있는 것에 집중하기에도 바쁘다. 훈련 목표 달성을 위해 집중해야 하고, 공에 시선을 고정해야 한다. 동료와 끊임없이 대화하고 격려하기에도 바쁘다. 지나간 실수를 잊고, 감정을 조절하는 것도 쉬운 일만은 아니다. 자신이 통제할 수 있는 것이 무엇인지 신속히 결정하고 거기에 에너지를 집중해야 한다. 그래야만 자신감에도 도움이 되고 실력도 향상된다.

승리하겠다는 목표도 통제의 범위 안에 있는지 밖에 있는지 따져봐야 한다. 승리하는 것이 자신감을 높이는 데 도움이 된다. 하지만 승리는 선수가 항상 통제할 수 있는 것은 아니다. 아무리 노력해도 패배할 수 있기 때문이다. 승리를 해야 자신감을 찾는다고 믿고 있다면 자신감을 얻을 가능성은 확률적으로 50퍼센트를 넘지 못한다.

자신이 통제할 수 있는 다양한 영역에서 자신감을 찾아야 한다. 체력 테스트에서 개인기록 경신, 새로운 기술 숙달, 프리킥 성공, 프레젠테이션 완벽 대비, 최고 수준의 경기력 발휘 등 자신이 통제할 수 있는 요소에서 자신감을 찾는 습관을 갖는 것이 훨씬 바람직하다.

통제 가능한 것과 통제 불가능한 것

통제 가능	통제 불가능
• 체력 관리	• 부상
• 플레이에 집중하기	• 날씨
• 긍정적 자기암시	• 심판의 오심
• 시합 전 준비 루틴 실천	• 상대의 좋은 플레이
• 최적의 컨디션 조절	• 팬들의 함성
• 동작이나 기술의 수행	• 팬들의 악플
• 동료와의 커뮤니케이션	• 불규칙 바운드
• 자신의 감정 조절하기	• 지나간 실수
• 긴장 풀기	• 감독의 결정
• 전략 이미지 트레이닝	• 대진표
• 나의 표정	• 청중의 표정

시합이나 경쟁에서 져도 자신감이 생길 수 있다. 비록 패배는 했지만 좋은 교훈을 얻었고, 다음 시합에서 두려움을 떨쳐버리고 좀 더 편하게 시합에 임할 수 있겠다고 생각하면 자신감에 도움이 된다.

자신감과 집중력을 높이려면 과연 이것이 나의 통제 범위 안에 있는 것인지, 밖에 있는 것인지를 신속히 판단해야 한다. 통제할 수 없는 일이라고 판단되면 집중의 방향을 정반대로 돌려야 한다. 시합의 결과, 심판 판정, 리더의 말, 동료의 행동, 상대의 나쁜 말, 날씨, 상대 선수가 잘하는 것, 다른 사람의 기분 등은 통제 밖에 있는 것들이다. 자신이 어떻게 할 수 없는 것들은 '돌멩이'와 같은 것들이다. 길가의 돌멩이에 일일이 신경 쓸 필요가 없지 않은가.

내가 통제할 수 있는 일이 무엇인지 찾아 집중하는 것이 바람직하다. 준비운동, 한 발 더 뛰기, 동료와 토킹, 스텝, 시선 처리, 감정 조절, 긴장 풀기, 재미 찾기 등은 내가 노력하면 얼마든지 잘할 수 있는 것들이다. 여기에 집중하면 막연한 불안감이 생기지 않는다. 하나의 일을 할 때 마음을 두 갈래로 쓰지 말라는 지침을 실천하는 것이기도 하다.

과시성향보다는 노력성향의 태도

사람마다 '성공'에 대한 기준이 다를 수 있다. 성공을 평가하는 기준에는 두 가지 방식이 있을 수 있다.

첫째는 자신을 비교 기준으로 삼는 것이다. 얼마나 열심히 노력했고, 얼마나 실력이 향상되었고, 내용이 얼마나 좋았는가를 기준으로 성공 여부를 판단한다. 자신이 생각하기에 열심히 노력해 실력이 향상되어 스스로 보람을 느끼면 성공인 것이다. 이와 같은 방식으로 성공을 규정하는 사람은 노력성향task orientation을 갖고 있다고 한다. 숙달성향이라고 부르기도 한다.

노력성향이 높은 사람에게는 이기는 것보다는 노력하고 실력을 향상시키는 것이 더 중요하다. 남과의 비교를 통해 잘했다고 생각하지 않는다. 자기 자신을 비교의 거울로 삼는다. 경기에 졌더라도 열심히 노력했고 경기 내용이 좋았다면 이들에게는 성공한 경기가 되는 것이다.

두 번째는 남을 비교 기준으로 삼는 과시성향ego orientation이다. 경쟁성향이라고 말하기도 한다. 남과 비교해 자신이 우월했을 때 성공했다고 평가하는 스타일이다. 남보다 더 잘했을 때 성공했다는 생각, 잘했다는 생각을 한다. 남과 비교해 못하면 패배로 간주한다.

과시성향을 가진 사람은 남과의 비교를 통해 자신의 우월함을 과시하는 데 관심이 많다. 경기 내용에 관계없이 이기면 성공했다고 평가한다. 이들은 남보다 앞서야 하고, 남을 이겨야 한다는 생각이 매우 강하다.

사람마다 노력성향과 과시성향을 어느 정도씩 갖고 있다. 한쪽 성향이 다른 쪽 성향보다 높을 수도 있다. 두 성향이 모두 높을 수도 있고, 두 성향이 모두 낮을 수도 있다.

노력성향과 과시성향 평가 다음에 제시된 13문항을 이용하면 노력성향인지 과시성향인지를 알아볼 수 있다. 문항을 읽고 자신의 생각을 5점 척도에 표시해보자. 문항은 스포츠 상황을 가정하고 개발된 것이다. 상황을 바꾼다면 스포츠 이외의 상황에 대해서도 적용이 가능할 것으로 보인다.

참고로 운동선수의 경우 노력성향은 대체로 4점이 넘는다. 과시성향 점수는 미국 청소년 테니스 선수는 2.9점으로 또래의 한국 운동선수 3.5점보다 낮다. 한국의 국가대표 운동선수의 과시성향 점수는 4점이 넘는다. 엘리트 선수는 노력성향과 과시성향 모두 아주 높다.

나는 노력성향인과 과시성향인가

자신이 잘했다는 느낌이 들 때	전혀 아니다	아닌 것 같다	보통 이다	그런 것 같다	아주 그렇다	많이 그렇다
1. 나 혼자만 어떤 플레이나 운동기술을 할 수 있을 때	0	1	2	3	4	5
2. 새로운 기술을 배우고 더 많이 연습할 때	0	1	2	3	4	5
3. 내 동료보다 더 잘할 때	0	1	2	3	4	5
4. 남들이 나만큼 못할 때	0	1	2	3	4	5
5. 재미있는 무엇인가를 배울 때	0	1	2	3	4	5
6. 다른 이들은 실수를 하지만, 나는 그러지 않을 때	0	1	2	3	4	5
7. 땀 흘려 노력해 새로운 기술을 배울 때	0	1	2	3	4	5
8. 정말로 열심히 연습할 때	0	1	2	3	4	5
9. 나 혼자서 득점을 거의 다 할 때	0	1	2	3	4	5
10. 무엇인가를 배우고 좀 더 많이 연습할 때	0	1	2	3	4	5
11. 내가 1등을 하거나 제일 잘할 때	0	1	2	3	4	5
12. 배운 운동기술을 제대로 했다고 여겨질 때	0	1	2	3	4	5
13. 최선을 다할 때	0	1	2	3	4	5

- **노력성향 점수** | (2번+5번+7번+8번+10번+12번+13번) ÷ 7 = (　　)점
- **과시성향 점수** | (1번+3번+4번+6번+9번+11번) ÷ 6 = (　　)점

평가의 기준은 나

축구 국가대표로 활약하는 구자철 선수는 한 언론 보도를 통해 "평가 기준은 외부에 있는 것이 아니라 나에게 있다"고 말했다. 노력성향의 경쟁 철학을 선수 입장에서 표현한 것이다. 선수들이 노력성향을 어떻게 표현할까가 궁금했는데 100점짜리 답을 말했다.

톱클래스 선수 중에는 노력성향이 높은 선수가 많다. 노력성향을 갖고 있으면 궁극적으로 성공한다. 심리적으로 흔들리지 않고 꾸준히 성장할 수 있다. 노력성향은 과시성향의 단점을 잘 커버할 수 있다. 노력성향에서 나오는 구자철 선수의 생각과 행동을 예상해보면 다음과 같다.

- **승리보다는 도전 노력을 더 중요하게 생각한다.**
- **새로운 것, 어려운 것을 기꺼이 받아들인다.**
- **눈치 보며 훈련하지 않고 스스로 실천한다.**
- **패배의 심리적 충격이 적다.**
- **재미를 많이 느끼고 몰입한다.**
- **불안을 덜 느낀다.**
- **심리적 안정감이 높다.**

노력성향을 선수와 지도자에게 많이 전파해야 할 이유가 충분하다. 이기고 지는 것을 떠나 자신의 임무, 자신의 플레이를 100퍼센트 수행하는 것에 자부심을 느낀다. 지거나 비겨도 플레이 내용이 좋으면 잘했다고 규정한다. 승부에 연연하지 않고 노력과 향상을 중시하는 빛나는 태도다. 실력 향상을 바라는 많은 사람이 배우면 좋겠다.

노력성향의 장점

노력성향이 과시성향에 비해 바람직한 특성을 더 많이 갖고 있다. 노력성향이 높으면 좋은 일이 많이 일어날 것이라고 예측할 수 있다. 노력성향이 낮은데 과시성향이 높으면, 동기를 끌어내고 감정을 조절하는 데 불리하다. 과시성향이 높더라도 노력성향이 높으면 과시성향의 나쁜 점을 커버할 수 있다. 과시성향이 높은데 노력성향이 낮다면 노력성향의 다음과 같은 장점을 이해할 필요가 있다.

실패에도 돋보이는 끈기 노력성향은 좀 더 열심히 노력하는 데 도움이 될 뿐만 아니라 실패할 경우에도 끈기 있게 시도하는 경향이 있다. 자신과 비교해 성공을 정의하므로 노력을 얼마나 하는가에 의미를 부여한다. 노력과 향상에 비중을 두므로 남에게 패하더라도 실망하거나 좌절하지 않는다는 장점이 있다.

어려운 상대를 선택한다 노력성향이 높은 사람은 내적 동기가 높다. 이들은 약간 어려운 과제나 상대를 선택한다. 남과 비교하지 않고 자신을 비교 기준으로 삼기 때문에 실패를 두려워하지 않는다. 어려운 과제와 어려운 상대가 실력 향상에 도움이 된다고 믿는다. 반면에 과시성향은 남과 비교해 자신을 잘 보이려는 데 관심이 높다. 그래서 이길 수 있는 쉬운 상대를 선택한다.

지더라도 체면이 손상되지 않는 아주 어려운 상대를 선택하기도 한다. 과시성향이 높으면 이길 수 있다는 기대가 사라지는 순간 쉽게 포기한다. 또 남에게 뒤질 경우 변명이나 핑계를 댈 가능성도 높다.

재미와 흥미가 높다 노력성향이 높으면 과시성향이 높은 사람에 비해 일에서 흥미와 재미를 더 많이 느낀다. 특히 패배했을 때 심리적 타격을 덜 받는다. 자기 자신이 평가했을 때 충분히 노력했고, 일의 과정에서 많은 것을 얻었다고 생각한다. 재미와 흥미는 꾸준히 노력하게 하는 원동력이라는 것은 잘 알려져 있다.

노력하면 반드시 성공한다는 믿음 노력성향이 높으면 성공의 비법은 노력에 있다고 믿는다. 동료와의 협력도 중요하게 생각한다. 과시성향이 높으면 소질을 타고나야 성공한다고 믿는다. 과시성향이 높은 사람은 성공을 위해서라면 규칙 위반도 용납된다고 생각한다. 비스포츠맨십 태도를 갖고 있는 경우도 많다.

자신감이 높다 과시성향은 이기는 것에 집중한다. 이들은 자신이 통제할 수 없는 것(예: 승리, 상대 선수의 실력)에 집착하므로 불안감이 높아지기 쉽다. 노력성향은 과시성향에 비해 불안감이 낮고 자신감이 높다. 중요한 시합일수록 이런 양상은 더 뚜렷해진다.

노력성향과 과시성향 특성 비교

노력 성향(성공의 기준은 나 자신)	과시성향(타인과의 비교를 통해 승리를 규정)
● 어려운 것에 도전하는 것을 즐긴다.	● 어려운 것은 회피한다.
● 결과보다는 향상, 노력을 중시한다.	● 재능 과시에 관심이 높다.
● 재능보다는 노력을 중시한다.	● 소질을 타고나야 잘한다고 믿는다.
● 개인 연습을 많이 한다.	● 개인 훈련을 소홀히 한다.
● 패배의 영향이 낮다.	● 패배 후유증이 크다.
● 불안을 덜 느낀다.	● 불안 수준이 더 높다.
● 성실하다.	● 몰입 수준 낮다.
● 재미있게 일한다.	● 재미 수준 낮다.

성공을 규정하는 방식도 개인차가 많다. 남과 비교해 우월해야 잘하는 것으로 보는 사람이 있다. 약자와 비교해 더 잘하면 잘한

것인가? 강자와의 경쟁에서 지면 실패인가? 과시성향이 가진 장점도 있다. 승리를 위한 동기가 매우 강하다. 사회 분위기도 과시성향을 북돋고 있다. 잘하기를 바라는 사람은 저절로 과시성향으로 무장하기 쉽다.

과시성향과 노력성향의 비율은 조화를 이루는 것이 바람직하다. 과시성향이 90퍼센트, 노력성향이 10퍼센트라면 문제가 된다. 과시성향이 갖는 단점이 나타날 수 있기 때문이다. 과시성향의 비중을 줄이고 노력성향 비중을 늘리는 것이 좋다. 잘하는 것에 대한 자신만의 철학에 변화가 필요하다. 노력성향의 비중을 늘리는 데 도움이 되는 생각을 정리해본다.

남과의 비교 또는 경쟁을 강조하는 문화는 어른들이 주도한다. 1등을 하는 것, 남보다 더 높은 성과를 내는 것에 집착하는 리더도 많다. 리더가 과시성향의 분위기를 만들면 팀원들도 과시성향에 쉽게 물든다.

세상을 살아가는 좋은 이유가 많음에도 불구하고 남과의 비교에 집착하고 있지 않은가? 단기적으로 반짝할 수 있다. 하지만 잃는 것이 너무 많다. 장기적으로 실력을 꾸준하게 향상시키는 데도 방해가 된다.

노력성향과 과시성향이 조화를 이루어야 한다. 승부가 분명하게 갈리는 분야에 종사한다면 경쟁에 관한 자신만의 철학을 가져야 한다.

노력성향을 키우는 데 도움이 되는 것

- 경쟁은 남이 아니라 자신과 하는 것이다.
- 도전, 노력, 향상이 잘한 것의 기준이다.
- 비교의 기준은 남이 아니라 자기 자신이다.
- 노력성향이 강하면 전문가로 장수할 수 있다.
- 부족한 것을 스스로 연습한다.
- 어려운 것에 도전한다.
- 남에게 져도 더 노력한다.
- 질까 봐 불안해하지 않는다.
- 내가 어떻게 해야 잘할 수 있을까?
- 동작을 하는 데 마음이 여러 갈래로 갈리지 않게 한다.
- 매일 훈련 목표를 정하고 달성하기 위해 노력한다.
- 훈련을 실전이라고 여기고 실전을 준비한다.
- 어제보다 땀을 더 많이 흘렸는가?.
- 어려운 것에 기꺼이 도전했는가?.
- 시합 끝나고 자신감 요인을 찾는다.
- 결과는 신에게 맏긴다.
- 나보다 잘하는 선수를 인정하고 내가 배울 것을 찾는다.
- 향상을 위한 조언을 구한다.

이긴 쪽과 패한 쪽이 투자한 노력은 비슷하다.

이긴 선수는 정서적 보상을 포함해 투자한 것의 몇 배를 보상으로 가져간다. 진 선수는 투자한 것만 잃은 것이 아니라 심리적 타격까지 포함하면 몇 배의 손실을 입는다. 이런 불합리한 보상 시스템 속에서 궁극적으로 승자가 되려면 노력성향의 태도를 가져야 한다. 부모와 지도자의 입장이라면 노력성향의 태도를 먼저 보여 주는 것이 중요하다.

노력성향으로 만든
스틸러스 웨이

프로축구팀 포항 스틸러스가 있다. 포항의 초반 성적은 눈에 잘 띄지 않는다. 하지만 리그가 진행될수록 승승장구한다. 도로에서 늦게 출발했지만 한 대씩 추월해 가는 차와 같다. 언제나 포항은 리그 상위권에 있다.

그들의 축구는 다르다. 부모에게 교육을 잘 받은 착하고 순한 형제들 같다. 나쁜 것에 한눈팔지 않는다. 끈기 있고 한결같은 플레이를 하는 이유가 무엇인지 궁금했다. 이기고 있어도 표정 하나 바꾸지 않는다. 지고 있어도 마찬가지다. 서두르거나 포기하는 기색이 전혀 나타나지 않는다. 전반 시작 1분이나 후반 종료 1분 전이나 똑같다. 초심 그대로다. 상대가 반칙을 하면 뒤도 안 보고 자기 위치로 간다. 공이 운동장 밖으로 나가면 뛰어가서 가져온다. 백패스는 없다. 흥미진진한 플레이를 펼치니 팬들이 즐거워한다.

이들의 축구에는 노력성향이 녹아 있다. 포스코 경영이념에서 가져온 스틸러스 웨이Steelers Way가 선수들의 마음을 움직인다. 스틸러스 웨이란 프로축구팀 포항 스틸러스가 도입한 구단의 축구 철학으로 파울 최소화, 심판에게 항의 금지, 이기고 있어도 공격하기 등이 핵심이다. 승리수당을 없애고 선수의 플레잉 타임, 파울, 경기 매너 등을 점수로 환산해 스틸러스 웨이 수당을 지급한다. 남과의 비교가 아니라 자신과의 비교를 통해 성공을 정의하는 노력성향을 강조한다. 선수들은 상대 팀에 의해 달라지는 승리와 패배에는 그다지 신경 쓰지 않는다. 이들이 신경 쓰는 것은 자신이 할 수 있는 것이다.

스틸러스 웨이로 알려진 다섯 가지 강령은 노력성향의 지침과 일치한다. '이기고 있어도 공격하기' '심판 판정 존중' '재미있는 축구 하기'로 요약된다. 상대 팀보다 잘하기가 아니라 내 플레이에 충실하기가 몸에 배어 있다.

보상체계도 스틸러스 웨이에 맞춰져 있다. 득점한 선수, 도움을 만들어 낸 선수를 우대하기보다는 스틸러스 웨이를 지킨 선수를 우대한다. 승리수당을 없애고 스틸러스 웨이 수당을 도입했다. 플레잉 타임, 파울, 경기 매너에 점수를 부여해 수당을 준다. 100점 만점에 플레잉 타임(30점), 경기 매너(30점), 경기력(40점)의 세 가지 항목으로 선수를 평가한다. 승패와 관계없이 세 항목 점수가 높으면 수당을 받는다. 공이 멈춰 있는 시간을 줄이기 위해 고의로 시간을 지연시키지 않는다. 이기고 있어도 선수 교체 때 경기장 밖으로 뛰어나오는 장면을 자주 목격할 수 있다.

포항은 노력성향이 강한 선수가 잘 어울리는 팀이다. 이겨야만 잘한다고 생각하는 과시성향은 어울리지 않는다. 판정 항의를 자주 하는 선수, 거친 플레이로 상대를 제압하는 선수는 스틸러스 웨이와 어울리지 않는다. 그래서 승패와 관계없이 최대 노력을 기울이는 모습을 볼 수 있다. 그들은 이기고 있으면서도 1초가 아깝다는 듯이 열심히 뛴다.

스틸러스 웨이

강령	성과
● 플레잉 타임(실제 경기시간) 5분 증가 • 파울 횟수 줄이기 • 경고나 퇴장 시 수당 삭감 • 스로인, 코너킥, 프리킥, 골킥 빠르게 처리 ● 심판 판정에 대해 항의 금지 ● 이기는 상황에서도 지속적 공격 ● 팬에 대한 서비스 향상 ● 팀에 대한 자부심 고양	● 피스컵 코리아 우승 ● K-리그 정규리그 2위 ● K-리그 최다 연승(6연승) ● K-리그 최다 무패(10승 5무) ● K-리그 최다 점수차 승리(8:1) ● 아시아축구연맹(AFC) 챔피언스리그 우승 ● 2009 AFC 올해의 클럽 수상

팬들은 이런 모습을 좋아한다. 힘이 더 많이 들 수 있지만 승패에 연연하지 않는다는 장점이 있다. 자신이 할 수 있는 것에만 집

중하므로 막연한 불안감도 줄어드는 효과가 있다. 이기는 것을 강조하지 않고도 이기는 비법, 바로 노력성향을 강조하는 것이다. 시간은 오래 걸리지만 그 효과의 폭은 넓고 오래간다. 져도 좌절하지 않는다. 강한 팀을 만나도 불안해하지 않는다. 다만 자신이 갈 길을 가면 된다. 이전보다 더 뛰고, 이전보다 더 많이 기회를 만들면 된다. 그러면 이긴 것이다.

대한민국에 이런 팀이 있어 자랑스럽다. 스포츠에서 성공한 모델은 교육, 비즈니스 같은 타 분야에 적용하기도 쉽다. 스틸러스 웨이가 포항만의 마이 웨이가 아니라는 사실이 널리 퍼졌으면 좋겠다.

루틴으로 징크스 날리기

징크스jinx는 좋지 않은 일이 운명적으로 일어나는 것을 말한다. 경기 당일 면도를 하면 경기에서 진다는 면도 징크스, 화장실에 안 가면 제 실력을 발휘하지 못한다는 화장실 징크스, 미역국을 먹으면 경기에서 진다는 미역국 징크스, 골포스트를 맞히면 이기지 못한다는 골대 징크스 등 징크스 종류도 한두 가지가 아니다.

징크스의 원래 의미는 나쁜 일이 일어나는 것을 뜻하지만 스포츠에서는 좋은 일이 일어난다고 믿는 것도 징크스로 부르는 경향이 강해지고 있다. 운동화 끈을 오른쪽부터 매면 좋은 일이 일어난다고 믿고 그렇게 실천하는 것도 징크스라고 부른다. 다친 발의 반대쪽 양말을 먼저 신어야 경기가 잘 풀린다는 징크스를 가진 선수도 있다. 결국 좋은 일이 일어난다고 믿는 것은 긍정적 징크스, 나쁜 일이 일어난다고 믿는 것은 부정적 징크스라 할 수 있다.

실패할 것이라고 믿으면 긴장되고 불안해진다. 긴장과 불안은 근육을 긴장시키고 주의 범위를 좁혀 행동을 방해한다. 긴장되고 주의가 좁아지면 평소와 다른 행동을 하거나 행동의 정확성이 떨어진다. 결국 징크스를 갖고 있으면 불안하게 되고, 불안은 경기에 나쁜 영향을 주며, 나쁜 경기 결과는 다시 징크스를 강화시키는 악순환이 계속된다.

나쁜 일이 일어날 것이라는 징크스는 자신이 마음속에서 만든 것이다. 마찬가지 논리로 좋은 징크스도 마음속에서 만들 수 있다. 우선 좋은 일이 일어나기를 바라면서 하는 좋은 습관을 만들어보자. 시합 때 신을 양말을 머리 위에 두고 자면서 좋은 결과가 나오기를 기대해보자. 경기장에 들어갈 때 오른발을 먼저 내디디면서 잘될 것이라고 믿는 습관을 만드는 것도 좋다.

과거에 이겼을 때와 똑같은 행동을 하는 것도 좋은 습관이다. 나쁜 일이 일어날 것이라고 믿는 것보다 좋은 일이 일어날 것이라고 믿으면 심리적으로 큰 위안이 된다.

징크스를 극복하는 보다 강력한 방법은 루틴을 만들고 지키는 것이다. 루틴은 경기의 부담감 속에서도 중요한 사항을 빠뜨리지 않고 안내하는 역할을 한다. 루틴이 있으면 불확실성이 줄게 되므로 집중력도 좋아진다. 집중력은 자신감을 높여준다. 긴장된 상황 속에서도 자신이 실천할 루틴이 있다는 것 자체만으로도 불안감을 물리치는 효과가 있다. 루틴에 집중하다 보면 불안이 들어올 틈이 없기 때문이다.

기억해야 할 성공적인 장면이 무수히 많은데도 실패에만 집착하는 것은 심리 에너지를 낭비하는 것이다. 좋은 일이 일어날 것이라는 믿음으로 바꾸는 것이 더 합리적이다. 골대 징크스를 갖고 있다면 "골포스트는 골포스트일 뿐이다. 득점에 아주 가까이 간 것이다. 기회는 또 온다. 오늘 네트를 가르고야 말겠다"라는 생각으로 바꾸는 것은 자신의 통제 범위 안에 있는 일이다.

내가 하는 방식이 곧 교본이다 충분한 준비를 했더라도 막연한 불안감이 있게 마련이다. '이 정도로 충분할까' '잘할 수 있을까' '잘 안 되면 어떻게 하나' 등의 생각이 들기도 한다. 준비과정에서 느꼈던 부족한 점이 신경 쓰이기도 한다. 98퍼센트가 완성되었더라도 2퍼센트가 부족할 수 있다. 그런데 2퍼센트 부족한 것이 100퍼센트 부정적인 생각으로 바뀌는 것은 합리적이지 않다. 부족한 2퍼센트보다는 완성된 98퍼센트를 믿는 것이 옳은 일이다.

스포츠 기술에는 표준이 존재하지 않는다. 기술은 목표를 달성하는 효율적인 방법이다. 하나로 표준이 정해진 것도 아니다. 효율적으로 목표를 달성할 수 있다면 그것이 최고의 기술이다. 농구의 덩크, 높이뛰기의 포스베리 동작이 그 예다. 기술의 표준에서 한참 벗어난 것들이다.

따라서 효율성과 목표 달성이라는 조건이 만족되면 그것이 나에게 맞는 최고의 기술이다. 내가 하는 효율적인 방식이 바로 기술의 교본이라고 생각하는 것이 옳다.

기술의 완성도를 아무리 높여도 중요한 순간이 임박하면 막연한 불안감이 생기게 된다. 기술은 전혀 문제가 안 되는데 막연한 불안감이 오히려 문제가 된다. "내가 하는 방식이 바로 교본이다"라고 자기암시를 해보자. 자신의 기술에 대해 자신감을 불어넣어줄 사람은 바로 자신인 것이다.

내가 하는 방식이 교본이다. 엘리트 선수에게 이 말은 그대로 맞는 말이다. 코치나 감독도 엘리트 선수의 기술을 따라갈 수 없다. 내가 가면 길이 된다. 내가 하는 방식이 교본이다. 막연한 불안감을 다스리고 자신감을 결정지을 수 있을 것이다.

02

집중력 트레이닝

집중은 선택적으로 이루어진다.
인간의 집중 시스템은 기본적으로 멀티태스킹이 안 된다.
한 번에 하나씩 순서대로 처리해야 한다.
이것저것 동시에 여러 가지에 집중하면 제대로 일이 되지 않는다.

집중은
한 번에 한 가지씩

우리의 일상은 마음을 어디에 집중할 것인가의 문제로 가득 차 있다. 우리 주변은 마음을 한 곳에 집중하지 못하게 하는 것이 너무나 많다. 인터넷과 스마트폰에 넘쳐나는 정보는 마음을 이곳저곳으로 끊임없이 끌어당긴다. 집중을 위한 기술을 갖고 있지 않으면 이리저리 끌려다닐 수밖에 없게 된다.

멀티태스킹의 어려움 인간이 가진 집중 능력에는 3가지 중요한 특징이 있다. 첫째, 집중할 수 있는 용량 또는 역량이 제한되어 있다. 그래서 동시에 여러 가지 일에 집중할 수 없다. 집중의 용량을 한 곳에 많이 써버리면 다른 곳에 쓰지 못한다. 스키를 처음 배울 때 스키 타는 것에만 집중하지 않으면 바로 넘어진다. 옆 사람과 대화도 힘들고 음악을 들을 수도 없다. 초보 스키어는 자신이 가진 집중 용량을 스키 타는 데 모두 사용하기 때문이다.

집중의 용량이 제한되어 있기 때문에 아무렇게나 낭비하면 안 된다. 서투른 일은 동시에 두 가지를 할 수 없는 것도 집중의 용량이 제한되어 있기 때문이다. 어떤 일에 숙달되면 집중을 많이 하지 않아도 저절로 된다. '달인'의 경지에 이르면 일을 하면서 다른 것에 집중할 수 있다.

둘째, 집중은 선택적으로 이루어진다. 인간의 집중 시스템은 기본적으로 멀티태스킹이 안 된다. 한 번에 하나씩 순서대로 처리해야 한다. 이것저것 동시에 여러 가지에 집중하면 제대로 일이 되지 않는다. 낯선 곳에서 운전할 때 중요한 지점이 나오면 라디오 볼륨을 줄이거나 조용히 해달라고 말하는 것도 집중을 선택적으로 하기 위한 전략이다.

어떤 중요한 일을 할 때 잠깐 딴생각을 한 경우가 있을 것이다. 딴생각을 하는 순간에 중요한 정보를 놓치고 만다. 경계 근무를 하는 군인, 모니터를 감시하는 요원, 작업하는 근로자가 잠시 딴생각을 하는 순간 큰 사고가 날 수 있을 것이다. 강의를 듣는 학생이나 수강생이라면 딴생각으로 중요한 정보를 놓칠 수 있다. 한 번에 하나에만 집중할 수 있는 인간의 집중 시스템의 한계로 인해 그렇게 된다.

셋째, 집중은 에너지 수준과 밀접하게 관련되어 있다. 에너지 수준이란 몸과 마음이 얼마나 긴장되어 있는가를 말한다. 불안이나 경계상태에 있으면 에너지 수준이 높은 것이다. 에너지 수준이 낮으면 집중의 폭이 넓어진다. 필요한 정보뿐만 아니라 불필요한 정보까지 다 들어온다. 지나치게 산만해서 집중할 곳에 제대로 집중하지 못한다.

에너지 수준이 적당하면 필요한 곳에만 집중하고 불필요한 집중은 배제할 수 있다. 적당하게 긴장되면 집중이 잘된다. 하지만 에너지 수준이 지나치게 높아지면 집중의 폭이 좁아진다.

과도하게 높아지면 머릿속에 아무것도 떠오르지 않거나 눈앞이 하얗게 되기도 한다. 적당하게 긴장하면 주파수가 잘 맞은 라디오처럼 최적의 집중이 가능하다.

마음을 두 갈래로 쓰지 말라 당대 최고의 유학자였던 퇴계 이황도 마음의 집중법에 대해 분명한 메시지를 전하고 있다. 집중은 멀티태스킹이 안 되니 '하나의 일에 마음을 두 갈래로 쓰지 말라'고 가르친다.

> 내 생각에는 정자가 말한 '아홉 가지 생각九思'이 유효한 것 같습니다. 정자는 이렇게 말했습니다. "보는 일, 듣는 일, 얼굴 표정 짓는 일, 태도, 말하기, 남을 섬기는 일, 의심을 품는 일, 화를 내는 일, 반성하는 일 등 아홉 가지 생각은 이득이 될 일 앞에서도 도리에 맞게 항상 유념해 각각 한 가지 일에 전념하는 것이다." 이는 하나의 일에

대해 마음을 두 갈래로 쓰지 않음을 말한 것입니다.

- 퇴계 이황(신창호, 함양과 체찰, 미다스북스, 2010)

인간의 집중 능력이 가진 특성을 잘 반영하고 있다. 요즘 컴퓨터나 스마트폰은 멀티태스킹이 기본이다. 하지만 인간의 집중 능력은 거기까지 진화하지 못했다.

500년 전 유학자인 퇴계 이황이 중요하게 언급한 집중법은 멀티태스킹이 넘쳐나는 지금도 여전히 유효하다. 하나의 일을 할 때 마음을 두 갈래로 쓰지 말아야 한다. 시간의 흐름을 따라 하나씩 선택해 집중하는 것이 좋다.

퇴계의 집중법에 관한 교훈은 유교의 핵심 덕목인 '경敬' 사상과 맥을 같이한다. 경이란 한 곳에 몰입해 다른 것에 마음을 쓰지 않는 것을 말한다. 마음을 한 곳에 집중해 경각심을 유지하면서 사사로운 것에 욕심이 생기지 않도록 자기 성찰을 충실히 하는 마음 공부법이라 할 수 있다.

퇴계 이황은 제한된 집중의 용량을 어떻게 사용해야 하는지에 대해서도 핵심을 전달하고 있다. 그는 여러 가지 일을 해야만 할 때 우선 대처해야 할 것을 파악하고 무게중심을 두라고 말한다.

여러 가지 일이 동시에 닥쳤을 때 우왕좌왕하거나 이랬다 저랬다 하면서 마음이 복잡해진다면 어찌 그때그때 생각하고 대응할 수 있겠습니까? 어떤 경우라도 생각하고 대응함에 있어 주재하는 마음의 능력을 갖추어야 여러 가지 일을 동시에 처리하면서도 무게중심이 있게 됩니다. 우선 대처해야 할 일들이 무엇인지 그 기미를 파악하면 몸은 자연스럽게 그에 따라 세세한 것들까지도 빠뜨리지 않고 움직이게 됩니다.

- 퇴계 이황(신창호, 함양과 체찰, 미다스북스, 2010)

집중력 할당

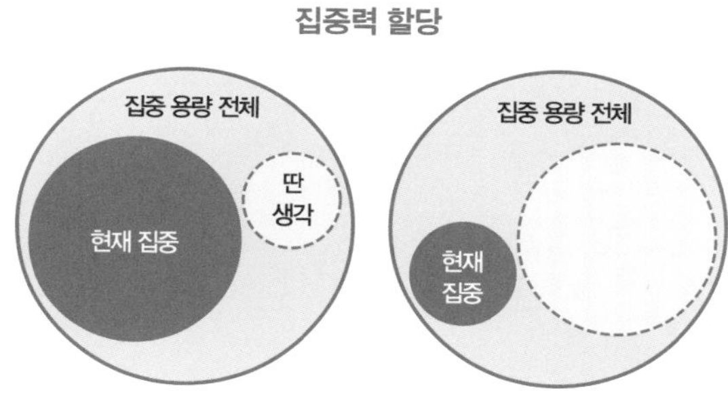

집중을 위한 용량은 제한되어 있다.
제한된 집중 용량을 어떻게 할당할 것인지가 집중을 좌우한다.

주의의 용량은 제한되어 있으므로 우선 처리해야 하는 중요한 일에 무게중심을 두는 집중법이 요구된다. 한 분야에서 기술이 숙달된 사람이라면 이런 집중법을 이미 잘 활용하고 있을 것이다. 핵심이 되는 일에 집중의 용량을 대부분 활용하고 남은 주의 용량은 그 외의 일을 처리하는 데 할당하는 것을 말한다. 프로 게이머, 프로 바둑기사, 엘리트 선수, 숙련된 기술자는 지금 해야 할 중요한 일에 무게중심을 두면서 대비할 일이나 전략도 동시에 챙긴다.

몸 가는 곳에 마음도 함께하라

서양의 심리학자 나이데퍼Nideffer는 인간의 주의 집중을 '폭'과 '방향'이라는 두 차원으로 분류한다. 폭이란 주의 집중이 넓게 이루어지거나 좁게 이루어지는 것을 말한다. 여러 가지 정보를 모아서 빠르게 판단을 내려야 한다면 집중을 순간적으로 넓게 해야 한다. 골퍼가 퍼팅을 하거나 타자가 투수에 맞서 공을 칠 때는 집중을 아주 좁게 해야 한다.

집중의 방향은 외부와 내부로 구분된다. 외부에 집중하는 것은 우리를 둘러싼 환경으로 집중의 방향을 돌리는 것을 말한다. 반면에 어떤 생각을 하거나 몸의 감각에 집중하면 내부에 집중하는 것이다. 집중이 좁은 범위에서 이루어지는지 넓은 범위로 이루어지는지를 의미하는 폭과, 외부로 향하는지 내부로 향하는지를 구분하는 방향에 따라 4가지의 집중 영역이 존재한다.

집중이 외부로 넓게 이루어지면 외부광역(EB), 외부의 좁은 범위에 한정되면 외부협역(EN) 집중이라고 부른다. 집중이 내부로 향하고 범위가 넓으면 내부광역(IB), 내부의 좁은 범위에 제한되면 내부협역(IN) 집중이 된다.

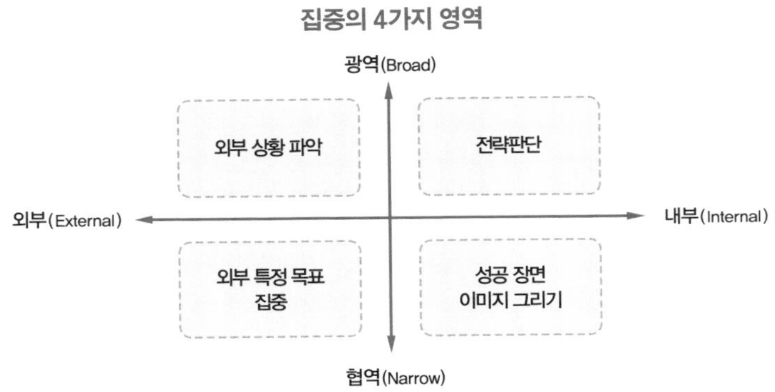

집중의 방향은 외부로 향하거나 내부로 향할 수 있고,
그 범위는 넓을 수도 있고 좁을 수도 있다.
상황에 따라 필요한 집중 영역으로 신속하게 전환시키는 것이 중요하다.

외부광역(EB) 집중은 주변의 여러 상황을 파악할 때 필요하다. 골퍼라면 필드의 상황, 장애물, 바람의 방향을 파악할 때 EB 집중을 한다. 외부협역(EN)은 외부의 제한된 영역에 고도로 집중하는 것으로 공에만 집중하는 것을 예로 들 수 있다. 내부광역(IB)은 어떤 일을 하기 전에 전략을 전체적으로 점검할 때 필요한 집중법이다. 마지막으로 내부협역(IN)은 마음속으로 성공의 이미지를 뚜렷하게 그리는 것처럼 하나의 문제에 집중을 모으는 것을 말한다.

우리는 하는 일과 집중 영역이 잘 매치되어야 한다. 집중의 방향을 외부로 돌려서 상황을 파악해야 할 때가 있고, 내부로 돌려 분석을 해야 할 때가 있다. 다양한 문제를 종합적으로 분석할 상황도 있고, 세부적인 것에 몰두해야 할 때도 있다.

중요한 것은 상황에 따라 네 가지 집중 영역이 자동변속기처럼 저절로 달라져야 한다. 집중이 외부로 향해야 할 때 내부에 머물러 있다면 상황 파악을 못하게 된다. 상황이 달라질 때마다 집중 영역이 자동으로 전환되는 것과 그렇지 않은 것의 예를 들어보자.

페널티킥은 키커가 절대적으로 유리하다. 골키퍼가 반응하기 전에 이미 골이 그물을 흔들기 때문이다. 하지만 페널티킥에서 실축하는 선수가 많다. 과도한 긴장과 압박감으로 집중을 제대로 하지 못하는 것도 이유 중 하나다. 페널티킥에서 키커는 대기 중일 때, 킥을 준비할 때, 킥을 하기 직전, 킥을 시작해 마칠 때까지 집중의 영역이 자동적으로 신속히 시프트돼야 한다. 그러지 못하고 한 영역에 머물러 있다면 실축 가능성이 높다.

직장에서 업무를 잘하기 위해서도 집중의 영역을 잘 바꿀 수 있어야 한다. 예를 들어 상담이나 협상할 때도 상황에 따라 필요한 집중방법이 신속하게 달라져야 한다. 파트너로 나온 상대와 주변 환경을 파악할 때는 외적으로 집중해야 하고, 전략을 분석하기 위해서는 내적으로 집중하는 것이 좋다. 상대의 대화 내용을 따라잡

페널티킥 시도 시 키커의 집중 영역 변화

축구에서 페널티킥을 할 때 키커가 집중 영역을 IB ▶ EB ▶ IN ▶ EN 순서로 신속하게 전환시킨 사례. 페널티킥에 필요한 집중을 잘한 것으로 킥의 성공 확률을 높인다.

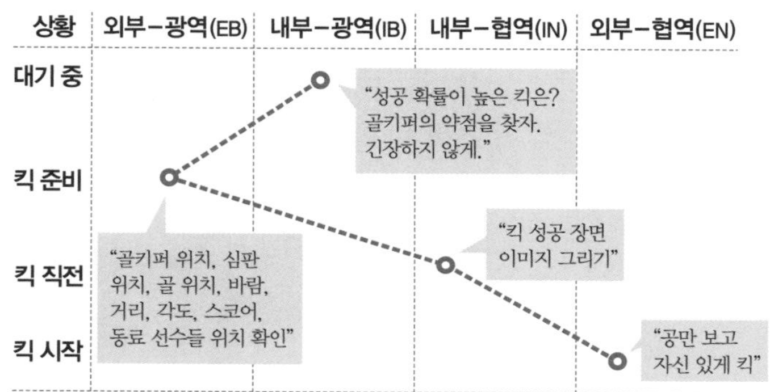

키커가 킥의 상황에 맞도록 집중 영역을 바꾸지 못하고 IN 영역에만 머무른 사례. 실수 부담을 극복하지 못하고 실축할 때의 집중 패턴이다.

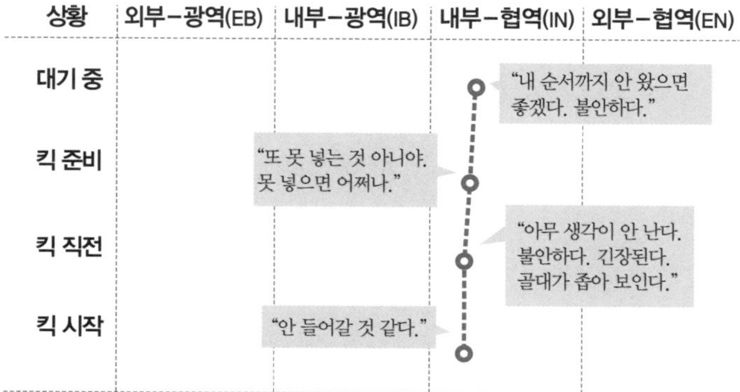

기 위해서는 외부협역(EN) 집중이 필요하다. 이때 협상 결과가 잘못 나올 것을 미리 염려하는 내부협역(IN) 집중을 한다면 집중의 변속기가 작동하지 않은 것이다. 현재 상황에서 가장 필요한 집중 영역으로 신속하게 모드를 바꿔야 한다.

우리는 멀티태스킹 시대에 살지만 뇌의 집중 능력은 그렇지 않다. 인간의 뇌는 한 번에 하나에만 집중하는 것을 좋아하도록 만들어져 있다. 만약 미래에 집중하면 현재에 집중할 수 없다. 마찬가지로 과거에 집중하면 현재에 집중을 못한다.

미래에 대해 부정적인 생각(시합 때 못하면 어떻게 하나? 발표를 망치면 어떻게 하나? 성과가 잘 안 나오면 어쩌나?)을 하면 두 가지 측면에서 나쁘다. 첫째는 부정적인 생각이 감정을 흔들고 몸을 긴장시킨다. 그 결과 긴장과 불안이 높아진다. 긴장과 불안이 지나치게 높아지면 집중의 폭이 좁아진다는 것을 자주 설명했다.

둘째, 부정적인 생각을 하는 동안 현재에 집중하지 못한다. 집중의 용량은 제한되어 있어 미래 생각에 집중 용량을 많이 할당하면 현재의 집중을 위한 용량이 줄어든다. 현재에 필요한 집중을 제대로 할 수 없게 된다. 그래서 현재 수행에 필요한 정보를 놓치게 된다.

'내 몸이 가는 곳에 내 마음이 함께하는가?'라는 질문을 스스로 해보자. 현재에 집중하도록 집중의 스위치를 바꾸는 질문이다. 내 몸이 하는 것에 온 정성이 가득해야 한다. 몸이 가는 곳에 마음이 가지 않고 딴 곳으로 끌려간다면 일을 제대로 하기 힘들 것이다.

몸이 가는 곳에 마음도 자동으로 함께한다면 집중은 살아난다. 집중하는 데 어려움을 겪는다면 몸이 가는 곳에 마음도 함께하도록 하는 연습을 하자.

현재에 집중하지 못하게 하는 방해물이 여럿 있다. 가장 흔한 것이 미래에 대한 걱정이다. 사실 미래는 신의 영역이지 인간의 영역은 아니다. 신의 영역을 자주 침범하면 신이 저주를 내릴지도 모른다. 또 미래는 나의 통제 범위 밖에 존재한다. 통제 범위 안에 있는 것에 집중하는 것이 옳다.

그렇지만 미래로 가보는 좋은 방법이 있다. 성공의 이미지를 그리는 것이다. 잘될 것이라는 믿음과 함께 성공의 장면을 미리 그리는 것은 우리의 통제 범위 안에 있는 일이다. 미래의 걱정을 성공의 이미지로 바꾸는 것은 좋은 집중법이다. 미래를 성공의 이미지로 그려 놓고 신에게 맡긴다면 불안도 사라지고 집중력도 좋아진다.

미래 생각은 미래에 가져다 두는 방법도 현재의 집중에 도움이 된다. 마치 타임캡슐을 묻어 두듯이 미래에 대한 부정적인 생각을 타임캡슐에 담아보자. 미래 생각을 미래로 보내버리면 현재 집중의 부피를 키울 수 있다. 미래의 지정된 시점에 타임캡슐을 꺼내 보는 즐거움도 있지 않겠는가.

과정 목표 집중법 결과목표outcome goal는 남보다 잘하자, 이기자, 1등하자 등 다른 사람과의 비교를 통해 결정되는 목표를 말한다. 무슨 종목이든 선수들이 아주 흔하게 세우는 목표다. 과정목표process goal는 자신이 통제할 수 있는 목표로, 남과의 비교가 아니라 자신의 플레이에 집중하는 목표를 말한다. 동작의 느낌을 살리는 것, 결정을 내리는 것, 루틴에 집중, 3D로 이미지 그리기는 자신이 통제할 수 있는 일들로 과정목표라 할 수 있다. 재미를 찾는 것, 실력을 향상시키는 것도 과정목표다.

결과목표와 과정목표의 특징은 서로 대조된다. 주변 사람들과 사회 분위기는 결과목표에 집중하게 만든다. '1등 한다' '우승한다' '금메달 획득' 같은 목표는 스포츠에 널리 퍼져 있는 결과목표다. 결과목표는 남과 비교해 우월함을 과시하는 데 집중하게 만든다. 패할 경우 심리적 타격이 크다.

과정목표는 비교의 기준이 남이 아니라 자기 자신이다. 얼마나 노력했으며, 이전에 비해 얼마나 향상되었고, 얼마나 재미있게 했는가가 달성 여부를 결정하는 기준이다. 과정목표를 세우면 도전, 노력, 향상을 중시한다. 패배에 따른 심리적 타격도 크지 않다. 눈치 보는 행동이나 속임수 행동도 덜하고 개인 연습을 더 많이 하게 만든다.

결과목표와 과정목표는 상반된 특성을 갖고 있다. 결과목표만 갖고 있으면 지나친 승부욕으로 인해 부작용이 생길 수 있다. 반면 과정목표만 갖고 있으면 승부에 무관심할 수 있다. 결과목표와 과정목표를 조화롭게 갖는 것이 중요하다. 현재 결과목표와 과정목

결과목표와 과정목표를 세우는 사람의 특성 비교

결과목표의 특성	과정목표의 특성
남과 비교해 우월함을 과시한다.	자기 자신을 기준으로 평가한다.
스코어에 집착한다.	자기 플레이에 집중한다.
1등이 최종 목표이다.	최대한 노력한다.
쉽게 이기는 것을 좋아한다.	실력 향상에 가장 관심이 있다.
도전할 만한 것을 회피한다.	도전할 만한 것을 좋아한다.
패배, 실패의 타격이 크다.	패배, 실패의 타격이 작다.
재미 수준이 낮다.	재미 수준이 높다.
불안 수준이 높다.	불안 수준이 낮다.
개인 연습을 덜 한다.	개인 연습을 충실히 한다.
몰입이 낮다.	몰입이 높다.
승부욕이 높다.	승부욕이 낮다.
▼	▼
과정목표로 보완	결과목표로 보완

표의 비율이 80대 20이라면 40대 60으로 조정하는 것이 좋겠다.

또 상황에 따라 두 목표에 대한 집중을 스위치하는 능력도 중요하다. 승부에 집중할 때도 있지만 결과는 잊고 자신의 플레이에 집중하는 것이 더 좋은 때도 있다. 프로골프에서 양용은 선수는 선두와 10타 차이를 극복하고 우승한 적이 있다.

프로골프 시합에서 선두와 10타 차이가 나면 승부를 뒤집는 것은 거의 불가능하다고 한다. 하지만 기적과 같은 일이 일어났다. 당시에 양용은 선수는 결과목표에 집중할 때와 과정목표에 집중할 때를 분명히 구분했다. 결과목표로 집중이 흘러가자 과정목표로

10타 차이를 뒤집은 양용은의 과정목표 집중법

2010년 코오롱 한국오픈 골프대회 최종 라운드에서 양용은이 1오버파로 12위(1위와 10타 차이)로 시작했다. 결국 10타 차이로 라운드 시작해서 최종 합계 4언더파로 우승(2위와 2타 차이)했다.
이는 우승 또는 1위를 하겠다는 '결과목표'에 집중하지 않고 자신의 플레이를 향상시키기 위해 노력하겠다는 '과정목표'에 적절하게 집중을 했기 때문이다.

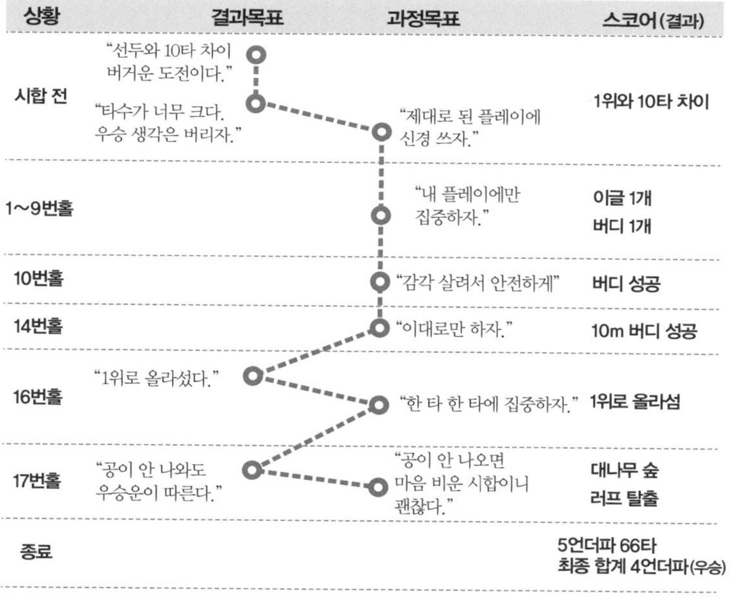

상황	결과목표	과정목표	스코어(결과)
시합 전	"선두와 10타 차이 버거운 도전이다." "타수가 너무 크다. 우승 생각은 버리자."	"제대로 된 플레이에 신경 쓰자."	1위와 10타 차이
1~9번홀		"내 플레이에만 집중하자."	이글 1개 버디 1개
10번홀		"감각 살려서 안전하게"	버디 성공
14번홀		"이대로만 하자."	10m 버디 성공
16번홀	"1위로 올라섰다."	"한 타 한 타에 집중하자."	1위로 올라섬
17번홀	"공이 안 나와도 우승운이 따른다."	"공이 안 나오면 마음 비운 시합이니 괜찮다."	대나무 숲 러프 탈출
종료			5언더파 66타 최종 합계 4언더파(우승)

집중의 방향을 바꾸는 능력도 보여줬다.

결과목표만 뒤쫓고 있는지 반성해봐야 한다. 결과목표에 집중하면 이겼을 때는 자신감이 충만하지만 패할 경우 심리적으로 큰 타격을 받는다. 패했을 때 받는 심리·정서적 타격을 잘 극복해야만 계속 도전할 수 있을 것이다. 패배를 견디지 못해 도전을 멈춘다면 안타까운 일이다. 결과목표는 자신의 통제 범위 밖에 있는 목표다. 승부욕을 불러일으키지만 이길 수 없다는 예상이 드는 순간 온갖 나쁜 증상이 나타난다. 결과목표를 좋아하는 사람은 다음과 같은 생각이나 행동을 습관적으로 한다.

* 나는 안 되는데, 다른 애들은 잘된다고 생각한다.
* 내기를 할 때 무조건 이기면 장땡이다.
* 이기는 것에만 집중해 쫓긴다.
* 조언은 듣지도 않는다.
* 내기할 때 실력이 비슷한 선수는 피한다.
* '내가 왜 졌을까'라는 생각에 집착한다.
* 결과에만 매달린다.
* 나만 말려서 실수한다.

과정목표를 좋아하고 과정목표에 집중하면 승부욕이 넘치지는 않지만 꾸준히 성장하는 데 도움이 된다. 한마디로 도전, 노력, 향상을 추구하는 사람이라 할 수 있다. 이기는 것에 집착하지 않고 자신의 플레이가 더 좋아지는 것을 중시한다. 어려운 것도 실력 향상의 기회로 생각해 기꺼이 도전하는 것을 좋아한다. 지나치게 결과목표에 집중하는 스타일이라면 다음에 제시한 것과 같은 과정목표에 집중하게 해주는 생각과 행동을 배울 필요가 있다.

- 내가 어떻게 해야 잘할 수 있을까를 생각한다.
- 내 실력이 향상되었는가?
- 나의 성공 비법, 루틴, 잘될 때 느낌에 집중한다.
- 내기할 때 실력 향상에 이득이 되는 것을 배워간다.
- 내 루틴에 100퍼센트 집중했는가?
- 결과는 신의 영역이다.
- 내 몸이 가는 곳에 마음이 함께했는가?
- 부정적 자기암시를 긍정적 자기암시로 바로 바꾼다.
- 매일 훈련 목표를 정하고 달성하기 위해 노력한다.
- 오늘 훈련에서 재미있게 하려고 노력한다.
- 어제보다 땀을 더 많이 흘렸는가?
- 새로운 기술을 배우려고 노력한다.
- 어려운 것에 기꺼이 도전한다.
- 나보다 잘하는 선수를 인정하고 내가 배울 것이 무엇인지 찾는다.
- 향상을 위한 조언을 구한다.
- 시합이 끝난 후 교훈과 감동을 찾는다.

성장하는 선수라면 결과목표보다 과정목표에 집중하는 것이 좋다. 장기적으로 꾸준히 성장할 수 있기 때문이다. 성인 선수는 결과목표가 이미 높을 것으로 예상되므로 과정목표로 보완해야 한다. 패한 경기에서도 자신감 요인을 찾는 것부터 시작할 수 있다. 과정목표에 집중하는 습관을 가지면 결국에는 승자가 될 것이다.

온전히 현재에 집중하는 법

일단 결정을 내려라 어떤 일을 할 때 결정을 내리지 못하고 머뭇거릴 때가 있다. 결정을 내리는 것은 집중하는 데 반드시 필요한 과정이다. 결정은 반드시 내려야 한다. 내린 결정에 대해 스스로 의심하는 사람도 있다. 결정을 내리지 않거나 내렸더라도 의심하는 것은 집중하는 데 방해가 된다.

결정은 반드시 내리고 내린 결정을 100퍼센트 믿고 실천한다면 집중력을 높일 수 있다. 미래에 대한 불안 때문에 결정을 내리지 못하면 집중력을 투자할 기회를 빨리 잡지 못한다. 결정에 대해 스스로 의심하는 것도 마찬가지다. '과연 이런 결정이 옳은 것일까' 라고 의심하는 동안 집중도 길을 잃고 방황한다.

분명한 결정을 내리지 못한 채 '에라 모르겠다' 또는 '될 대로 돼라' 식으로 행동하기도 한다. 결정을 내리지 않은 상태에서 동작을 하면 실수로 이어진다. 집중의 포인트가 없기 때문이다. 한 번 내린 결정은 믿고 밀어붙여야 한다. 나쁜 결정도 결정을 안 내리는 것보다 훨씬 낫다고 할 수 있다.

인생에서도 결정을 빨리 내리고 결정한 대상에 집중하는 것이 필요한 것 같다. 법관이 되겠다는 결정을 초등학교 2학년 때 내리는 것과 대학 졸업할 때 내리는 것은 큰 차이가 있다. 결정을 내리면 어디에 집중해야 하는지 판단이 쉬워진다. 결정을 믿고 추진하는 힘도 좋아진다. 결정을 내리면 목표를 달성하는 효율적인 방법도 찾을 수 있어 성공에 좀 더 가까이 다가갈 수 있다.

미래에 대한 불확실성으로 결정을 내리지 못한다면 '미래는 신에게 맡긴다'는 신념을 지킬 필요가 있다. 미래는 통제 범위 밖에 있는 것이다. 지금 결정을 내리는 것은 통제 범위 안에 있는 일인 것이다. 통제 범위 안에 있는 일에 집중의 용량을 많이 할당해야 한다. 결정을 반드시 내리고 실천하는 것은 집중의 측면에서도 꼭 필요한 일이다.

섣불리 평가하지 마라 훈련이나 시합 중에 자신과 내면의 대화를 한다. "아 힘들다, 그냥 빨리 끝났으면 좋겠다" "오늘도 또 잘 안 되는 것 아니야" "창피하다" 등 부정적 자기암시 또는 부정적 평가를 자신에게 자주 내린다. 이런 부정적 자기암시가 시합, 발표, 공연 중에 2~3분간 계속되기도 한다. 순간순간 상황이 바뀌는데 자신에게 이런 부정적 평가를 내리고 있다면 필요한 곳에 집중하지 못한다.

시합, 발표, 공연, 면접 등을 할 때 실수가 날 수 있다. 하지만 실수를 붙들고 자신에게 나쁜 평가를 하고 있다면 집중이 흔들릴 수밖에 없다. 수행하는 도중에 본인에게 나쁜 평가를 하고 있다면 막아야 한다. 중대한 순간에 나쁜 평가를 본인에게 하는 것은 집중을 놓아버린 것과 같다. 더 큰 실수로 이어질 수도 있는 심각한 상황인 것이다. 나쁜 평가를 내리고 있다면 신속히 중단하고 당장 집중이 필요한 곳을 찾아 거기에 집중해야 한다.

훈련, 시합, 발표, 공연 같은 수행을 할 때 내가 잘못하는 것 같다는 '평가'를 하지 말아야 한다. 잘못한 것은 이미 지나갔는데 지나가버린 것에 대해 평가하는 것은 집중의 용량을 낭비하는 일이다. 지금 집중할 것에만 집중해야 수행을 잘할 수 있다.

대화하고 격려하라 훈련과 시합 때 대화와 격려는 자신의 집중에도 도움이 되지만 팀 플레이에도 큰 공헌을 한다. 어떤 힘든 일을 할 때 대화와 격려가 1분에 1회 이상 나온다고 생각해보자. 일이 힘들다는 것을 잊고 일에 즐겁게 집중할 수 있을 것이다.

대화와 격려는 딴 곳에 집중하고 있는 사람의 집중을 현재로 가져오는 효과가 있다. 대화 내용은 반드시 긍정적이어야 한다. "좋아~" "그렇게만 해" "내가 커버할게"와 같은 대화는 본인뿐만 아니라 동료의 집중을 한곳에 모아준다. 부정적인 대화가 오가면 집중은 달아나고 말 것이다.

격려도 본인과 동료의 집중력을 높이는 데 큰 효과를 발휘한다. 잘했을 때 '엄지 세워주기'를 하면 자랑스럽다는 메시지가 전달된다. 더 분발하고 더 집중할 수 있는 에너지가 생긴다.

격려할 때 특히 중요한 것은 실수한 사람에 대해서도 격려해야 한다는 사실이다. 실수한 동료는 부정적인 자기 평가에 빠져들기 쉽다. 먼저 다가가서 격려해야 한다. 엄지를 세워주고 "한 번만 다시 그대로 해 달라. 그러면 내가 해결하겠다"고 말해주는 것은 실수한 사람에게 큰 힘이 될 것이다. 그러면 실수한 사람은 나쁜 평가에서 빠져나와 당장 필요한 곳에 다시 집중할 수 있게 된다. 실수해도 격려해주는 분위기가 마련되면 실수를 의식하지 않고 훈련이나 시합을 할 수 있게 된다. 처음엔 쑥스럽지만 먼저 나서서 대화와 격려를 하다 보면 훈련도 힘들지 않고, 시합도 훨씬 재미있게 풀어나갈 수 있다.

성공 장면을 떠올려라 미래가 신의 영역이라면 인간의 영역은 현재라 할 수 있다. 현재에 집중하면 집중의 특성을 가장 잘 살릴 수 있다. 현재에 집중하면서 미래로 가볼 수 있는 방법이 있다. 이미지를 활용하면 된다. 미래가 걱정된다면 성공 장면을 떠올리면 좋다. 인간으로서 미래는 통제할 수 있는 범위 밖에 있다. 하지만 미래에 성공하는 장면을 지금 머릿속에 뚜렷이 그려보는 것은 통제 범위 안에 있다. 노력하면 얼마든지 할 수 있는 일이다.

이미지를 활용할 때 반드시 성공 이미지를 그려야 한다. 실패하는 장면을 떠올리면 안 된다. 불안이 높아지고 집중도 크게 흔들린다. 또 부정을 부정하는 이미지를 떠올리는 것도 도움이 안 된다. 실수를 안 하는 장면 떠올리기, 관중의 함성에 신경 쓰지 않기와 같이 나쁜 것을 하지 않는 이미지는 결국 나쁜 것을 하는 이미지로 연결된다. "짜장면을 생각하지 말자"고 해도 결국은 짜장면이 떠오르는 것과 같은 이치다.

미래를 걱정하고 실패를 우려하는 데 집중을 낭비하는 것은 결코 도움이 안 된다. 미래는 신에게 맡겨둔다. 성공 장면을 떠올리는 것은 현재 할 수 있는 좋은 일이다.

시뮬레이션 훈련을 하라 연습 상황과 실전 상황은 다를 수밖에 없다. 익숙한 연습장소에서 반복해 연습만 하는 것으로 실전 상황에서 좋은 성과를 내기는 어렵다. 실전 상황이 주는 심리적 압박감을 고려해 실전을 준비해야 한다. 실전에 임하면 낯선 자극들이 불필요한 우려를 만들어낸다. "잘할 수 있을까?" "혹시 떨어지는 것 아닌가?" "다른 사람만큼 못한 것 같다" 등의 우려는 연습할 때는 떠오르지 않았던 것들이다. 집중이 흐트러질 수밖에 없는 상황에 처한다. 평소와 다른 집중 패턴으로 인해 제 실력을 발휘하지 못하게 된다. 평소보다 실전에서 실력이 잘 발휘되지 않는다면 시뮬레이션 훈련에 관심을 가져야 한다.

실전에서 강하려면 시뮬레이션 훈련을 자주 해야 한다. 한국 양궁팀의 훈련은 시뮬레이션 훈련으로 가득 채워져 있다. 실전 상황에서 일어날 수 있는 예상 가능한 모든 조건을 미리 접해보고 익숙해지도록 훈련한다.

면접은 몇 분 이내에 끝나지만 그 결과는 중대한 의미를 갖는다. 시험도 마찬가지다. 실전과 같은 조건에서 연습할 필요가 있다. 면접관이 몇 명이며 어떤 상황인지 실제 같은 면접장을 만들어 실제로 나올 수 있는 질문에 대처하는 연습을 할 필요가 있다. 중요한 시험이 일요일 오전에 있다면 같은 시간대에 유사한 환경에서 모의시험을 치르는 것을 몇 번 반복해야 한다. 그래야만 실제 시험 때 집중을 방해하는 요인을 잘 차단할 수 있다.

항공기 승무원으로서 필요한 자질을 교육시키는 한 대학교에는 운동장에 실제 항공기가 놓여 있다. 학생들은 실제 항공기 안에서 미래 승무원으로서 여러 상황에 대처하는 교육을 받는다. 강의실이나 회의실에서 그런 교육을 받는 것에 비해 실무 적응력이 훨씬 높을 것이다. 교정에 항공기를 들여놓을 정도로 시뮬레이션 훈련을 중요하게 다루고 있는 것이다.

후회를 제로로 만드는 재집중 계획

프로골프에서 세계 최고의 위치에 오른 한 선수는 후회를 하지 않는 현재 집중법을 터득했다. 그런데 그 사연이 너무나 안타깝다.

그의 어머니가 교통사고를 당했다. 너무 어린 나이에 어머니를 잃었다. 사고 순간으로 되돌아가본다. 그때 1초만 뒤로 돌릴 수 있었다면 사고를 막았을 텐데. 아무리 애를 써도 사고를 되돌릴 수 없었다. 슬퍼하고 후회해도 소용이 없었다. 그는 어떻게 해도 어머니를 돌아오게 할 수 없다는 것을 깨달았다. 그는 이런 교훈을 얻은 다음부터는 집중을 어떻게 하는지 비로소 알 수 있었다고 했다.

후회하지 않으려면 지금 집중해야 한다. 현재에 집중하지 않으면 곧 후회한다. 지나고 나면 아무리 후회해도 소용없다. 지나간 과거는 되돌릴 수 없기 때문이다. 지금 이 순간에 최선을 다하지 않으면, 이 순간도 곧 지나가고 만다. 최선을 다하지 않고 그냥 보내버리면 얼마나 억울한가? 지나버린 다음에 후회하지 않기 위해서는 현재에 집중하는 것이 중요하다. 지나버린 다음에 안타까워하지 않으려면 지금 철저히 준비해야 한다.

위기를 위한 재집중 계획을 만들어 두라 위기가 닥치면 어떻게 할 것인가를 예상해 둔 매뉴얼을 비상계획contingency plan 또는 플랜B라 한다. 비상계획은 평소에는 필요 없지만 위기 상황에선 꼭 필요한 것이다. 비상계획이 없다면 위기 때 허둥지둥 시간을 보내고 큰 피해를 당하게 될 것이다.

집중에도 비상계획이 필요하다. 시합, 시험, 발표, 공연 등 중요한 일을 앞두고 있다면 예상치 않은 일에 대비한 비상계획을 세워야 한다. 스포츠 상황에서는 이런 비상계획을 재집중 계획refocusing plan이라고 한다. 예상치 못한 일로 집중이 흐트러졌을 때 집중을 바로잡기 위한 계획인 것이다.

재집중 계획은 위기가 닥치거나 예상하지 못한 사건이 일어났을 때 진가를 발휘한다. 중요한 일을 앞두고 있다면 갑자기 닥칠 수 있는 상황에 대한 대비책을 마련해 두어야 한다. 집중을 위한 계획도 중요하지만 집중이 흔들렸을 때 집중을 리커버리하는 계획도 필요한 것이다.

스포츠의 세계에선 예상치 못한 일이 승부를 가르기도 한다. 많

골퍼를 위한 재집중 계획

When	결과목표	과정목표
기죽이려고 시끄럽게 할 때	"환호의 내용은 과거에 관한 것이고, 내가 해야 할 것은 현재 일이다."	"나 혼자다."
잘 친 샷의 변동이 생길 때	"이미 과거의 일이다. 화를 내는 것은 도움 안 된다. 지나간 것이다."	"과거다. 다시 집중!"
몸이 나른해질 때	"매번 몸 컨디션을 체크해서 최적의 상태를 일관성 있게 준비한다." "에너지를 끌어 올려야 집중의 폭이 좁아진다."	"물 먹고, 스트레칭하자."
어려운 홀에서 잘하고, 쉬운 홀에서 놓치는 경우	"쉬운 홀에서 놓쳤더라도 어려운 홀을 막았으니 더 잘한 것 아닌가?"	"어려운 홀에서 막을 수 있어야 더 자신 있다."

은 노력을 투자해 시합을 준비하고도 예상치 못한 일이 일어나면 집중이 흐트러질 수 있다. 흐트러진 집중을 제자리로 가져오는 재집중 계획을 갖고 있어야 투자한 노력이 헛되지 않을 것이다. 재집중 계획은 우리가 인생을 살면서 무수히 부닥치는 위기의 순간 필요한 비상계획이다.

기분 좋게 빠져들어라

마지막 350미터 턴을 하고 나서 나도 모르게 잘되더라고요. 이렇게 페이스를 맞춘 게 아니기 때문에 저 자신도 놀랐고 마지막에는 솔직히 제가 어떻게 한 건지 기억이 잘 안 나요. 그냥 모르겠어요. 그냥 그렇게 되더라고요. 그래서 저 자신도 조금 놀랄 만한 파워가 마지막에 생겨 저도 모르게 감탄했어요.

– 박태환(올림픽 수영 금메달리스트)

최고의 기량을 발휘하기 위해서는 최소 1만 시간은 훈련해야 한다고 말하기도 한다. 하루 6시간 훈련하는 선수라면 5년에 해당한다. 하지만 성공과 실패를 거듭하는 선수들의 모습을 보면 한 분야에 1만 시간 이상을 투자한다고 해서 누구나 최고 경지에 오르는 것 같지는 않다. 수만 시간의 노력은 기본이고 아마도 그 이상의 조건이 있는 것 같다.

몸과 마음은 떼어 놓고 생각할 수 없다는 말이 있다. 최고의 기량을 발휘하는 순간 우리의 몸과 마음은 아주 특별한 상태에 도달해 있다. 몸과 마음이 특별한 관계를 맺을 수 있어야 최고의 기량을 발휘할 수 있다. 피겨스케이트 선수들을 봐도 완벽한 연기를 펼칠 때는 선수의 표정부터가 다르다. 완벽한 연기 후에는 마치 하늘을 날아가는 듯한 벅찬 표정이다.

기술 수준이 높아질수록 몸보다는 마음 상태가 더 중요해진다. 심지어 몸의 기량을 겨루는 스포츠도 결과의 40퍼센트에서 90퍼센트는 마음 상태가 좌우한다. 잭 니클라우스는 자신의 저서《골프 마이 웨이 *Golf My Way*》에서 골프에서 최고 수행을 결정하는 유일한 요소로 심리적 준비를 꼽았다. 그는 골프의 90퍼센트는 멘털이라고 주장한다.

올림픽에서 우승, 국제 대회에서 개인기록을 경신하는 순간을 최고 수행peak performance의 순간이라 부른다. 평소 기량에 비해 월등히 좋은 기록을 내거나 개인 최고기록을 갈아치우는 아주 익사이팅한 순간이다. 이 순간에 선수들은 아주 특별한 현상을 체험한다. 선수들은 다음과 같은 몸과 마음의 조건에서 최고 수행을 발휘한다.

* 실패와 실수를 걱정하지 않는다.
* 동작에 대해 의식하지 않는다.

* 동작에 완전히 몰두해 있다.
* 집중의 폭이 적당히 좁다.
* 동작이 저절로 된다.
* 완벽한 통제감을 느낀다.
* 시간이 느리게 가거나 공간 감각이 달라진다.

최고 수행을 발휘하는 순간에 일어나는 특별한 현상은 신비스럽기도 하다. 의식적으로 애를 쓰지 않아도 저절로 된다. 외부 요인을 완벽히 차단하고 해야 할 일에 전적으로 몰두해 있다. 힘을 들이지 않아도 모든 것이 생각대로 자동적으로 흘러간다. 원하는 것은 이루어진다는 믿음도 높다. 무아지경에 빠져 있어 시간이 흐르는 것조차 느끼지 못하기도 한다. 공이 크게 보이거나 느리게 보이기도 한다.

무엇보다 이 순간은 내적인 충만감을 준다고 한다. 개인적으로 의미 있다고 느끼며 즐거운 순간으로 기억된다. 최고 수행의 순간은 얼굴을 찡그리고 젖 먹던 힘까지 억지로 짜내야 이루어지는 것은 아니다. 오히려 그 반대다. 고도로 집중하다 어느 순간에 빠져들면 힘들이지 않아도 저절로 흘러가듯 진행된다.

최고 수행의 순간은 칙센트미하이Csikszentmihalyi 교수가 말한 몰입flow의 순간과 아주 닮았다. 몰입이란 사람들이 어떤 일에 푹 빠져 있는 무아지경 상태를 말한다. 몰입은 '기술 수준과 과제 난이도가 일치할 때 발생하는 최적의 심리상태'라고 본다. 매일 달리는 러너, 컴퓨터 게임을 하는 청소년, 작품 창작에 몰두하는 작가나 화가, 실험에 푹 빠진 과학자라면 몰입을 체험한 적이 있을 것이다. 심지어 뜨개질을 하거나 즐겁게 대화할 때도 몰입 현상을 체험한다. 몰입 순간에 나타나는 특징은 다음과 같다.

* 고도로 집중한다.
* 명확한 목표가 있다.
* 통제감을 느낀다.
* 자의식이 없다.
* 시간 감각, 공간 감각이 왜곡된다.
* 즐겁다.
* 자동적으로 된다.
* 힘이 들지 않는다.

몰입 순간과 최고 수행 순간은 많이 닮았다. 하지만 몰입 순간에 항상 최고 수행이 나오는 것은 아니다. 하지만 최고 수행의 순간에 몰입 현상이 나타나는 경우는 아주 많다.

몰입은 최고 수행을 보장하지는 않지만 그 자체로 강력한 내적 동기를 만든다. 어떤 외적 보상보다 더 기분 좋은 내적 보상을 받는다. 통제감, 자신감, 즐거움, 충만감이 그것이다. 그래서 행복하다고 생각한다. 힘든 일임에도 불구하고 기꺼이 즐겨 하는 사람들은 몰입이 주는 즐거움을 알고 있다.

몰입 상태는 이상적인 집중 상태라 할 수 있다. 하는 일에 고도로 집중할 수 있기 때문이다. 마치 새로운 차원의 세계로 빠져드는 느낌을 갖는다. 시간이 흘러가는 것을 잘 느끼지 못한다. 공이 갑자기 크고 밝게 보였다고 말하는 것처럼 시각적 왜곡도 나타난다. 또 완벽하게 통제되는 상태다. 자신이 의도하는 경로를 따라 일이 성취된다는 의미다. 그것도 힘들이지 않고 저절로 된다. 그 결과로 성취감과 즐거움을 얻는다.

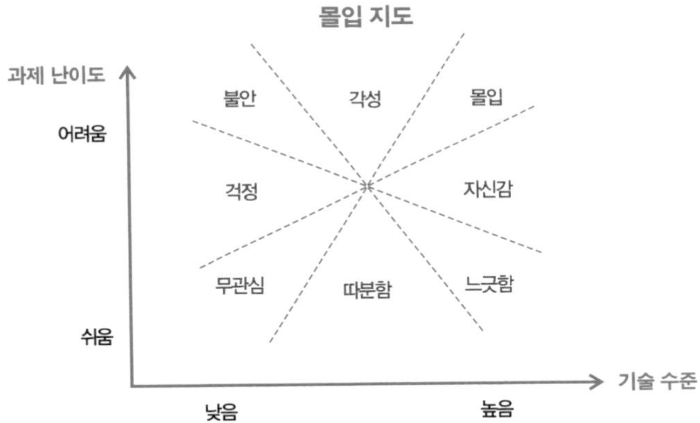

기술 수준과 과제의 난이도에 따라 몰입의 가능성이 달라진다는 몰입 지도.
기술 수준이 상당히 높고, 그 수준에 어울리는 어려운 과제를 할 때
몰입을 체험할 가능성이 높다. 몰입 체험은 최고의 내적 충만감을 가져다준다.

몰입의 조건 요즘 집중의 문제로 고민하는 사람이 많다. 부모는 아이들이 공부에 집중하지 못한다고 야단이다. 직장인은 업무에 집중하는 데 어려움을 겪는다. 어떻게 해야 집중을 잘할 수 있을까? 몰입 상태에 빠지게 하면 집중의 어려움은 사라질 것이다. 일이 저절로 풀리는 몰입 상태에 빠져들게 만든다면 집중 문제로 인한 고민은 줄어들 것 같다. 몰입 상태에 쉽게 빠질 수 있도록 조건을 조성하는 것은 가능할까?

운동선수들은 최고 수행을 할 때 대체로 몰입 상태를 경험한다. 그렇다면 몰입 상태에 빠지는 빈도를 높인다면 최고 수행의 가능성이 높아질 것이라는 예상도 가능해진다.

스포츠심리학자들은 몰입 상태를 체험한 선수를 대상으로 몰입에 빠지는 조건을 찾아냈다. 집중을 못하는 것 때문에 힘들어했다면 다음 조건 중에서 부족한 것이 무엇이었는지 점검해볼 수 있을 것이다.

* 자신감과 긍정적인 태도를 갖는다.
* 수행 루틴을 따른다.
* 몸을 최적의 상태로 만든다.
* 최적의 긴장 상태를 만든다.
* 의욕과 동기를 적절하게 끌어낸다.
* 동작 그 자체를 기분 좋게 한다.

* 해야 할 일에 집중한다.
* 환경을 최적의 조건으로 만든다.
* 동료와 좋은 관계를 유지한다.

몰입 상태에 이르기 위해서는 무엇보다 준비 과정에 공을 들여야 한다. 먼저 긍정적인 태도, 하고자 하는 의욕이 필요하다. 강압적으로 시키면 몰입에 빠지기 힘들다. 억지로 시키면 눈치를 보게 된다. 집중에 어려움이 생기게 마련이다. 또 몸 상태를 최적으로 만들어야 한다. 감기 기운이라도 있으면 몰입 상태에 들어가기 어려울 것이다.

다음으로는 해야 할 일에만 집중하고 동작 그 자체에 빠져드는 것이다. 그것도 기분 좋은 느낌으로 빠져들어야 한다. 등산, 달리기, 수영을 할 때 동작 그 자체를 기분 좋게 받아들이면 몰입 상태에 빠져들기 쉽다. 등산을 하면서 정상까지 언제 도착할 것인가라는 조급함이 있다면 몰입을 체험하기 힘들다. 걷기를 할 때도 목적지가 너무 멀다고 미리 불만을 만들 필요가 없다. 걷는 동작 그 자체만 즐겁게 하다 보면 걷기의 즐거움에 빠질 수 있다. 예습과 복습을 하는 학생도 마찬가지일 것이다. 문제를 하나씩 즐겁게 해결할 마음을 먹어야 한다.

주변 환경도 몰입을 돕도록 만들어야 한다. 쾌적한 환경은 몰입에 많은 도움이 된다. 온도, 소음, 조명, 향기, 가구, 벽지 색깔도 영향을 줄 수 있다. 커피 전문점이 인기를 끄는 것은 몰입을 위한 환경이 갖춰져 있기 때문일 것이다. 주변에서 '공부하라' '일하라'고 강요하는 말을 자주 하는 것도 몰입을 방해한다. 지나치게 간섭하지 말고 스스로 결정하게 놔두는 것도 도움이 될 것이다.

무슨 일을 잘하고 있을 때는 그대로 흘러가도록 간섭하지 말아야 한다. 몰입 상태에 있는 사람을 일부러 몰입의 밖으로 끌어낼 필요는 없지 않은가. 한 번 몰입 상태에 빠진 적이 있는 사람은 몰입을 다시 체험할 가능성이 아주 높다. 몰입에 빠진 적이 있다면 몰입 직전에 자기 자신이 어떤 조건을 만들었는지 잘 떠올려 보자.

주의연합과 주의분리 전략

운동을 포기한 적이 있다면 자신이 운동 중에 어떤 집중법을 사용했는지 되돌아보자. 달리기, 걷기, 등산, 수영 같은 유산소 운동은 심혈관계와 정신건강에 주는 혜택이 아주 뛰어나다. 새해의 각오로 운동을 하겠다고 마음먹은 사람 중에 3분의 2 정도는 3개월 안에 포기한다. 귀찮아서, 피곤해서, 시간이 없어서, 재미없어서 그만둔다.

운동을 할 때 집중의 대상은 2가지로 나눌 수 있다. 호흡이나 심장이 뛰는 것과 같이 신체적인 정보에 집중하기도 한다. 아니면 거리의 경치와 같은 신체 외부 정보에 집중할 수도 있다. 운동할 때 몸 내부의 정보(심장이 뛰는 것, 호흡, 근육의 느낌)에 주의를 집중한다면 주의연합association 전략을 사용한다고 말한다. 반면에 운동을 하면서 몸의 내부 정보가 아닌 외부 정보(좋은 생각하기, 산이나 나무와 같은 바깥 경치)에 주의를 기울이면 주의분리dissociation 전략을 쓴 것이다.

주의연합과 주의분리 전략 중에서 어떤 것이 좋은지를 알아보는 실험이 많이 이루어졌다. 결과는 주의분리 전략을 권장하는 쪽으로 기울어진 것 같다. 일반인이 단조로운 운동을 할 때 주의분리 전략을 쓰면 피로감과 지루함이 줄어든다고 한다. 심장이나 호흡, 근육에 집중을 하면 빨리 피로해지고 운동을 한 지 얼마 지나지 않아 포기하게 된다. 팔굽혀펴기, 윗몸일으키기 같은 근지구력 운동을 할 때도 주의분리 전략을 쓰면 수행이 더 잘된다는 사실을 발견한 실험도 있다.

스포츠센터는 회원들이 주의분리 전략을 쓰도록 배려한다. 운동 장비에 모니터를 설치하거나 음악을 틀어준다. 벽을 향해 러닝머신이 설치되어 있다면 창을 향하도록 방향을 바꿔야 한다.

전문 운동선수는 자신만의 주의 전략을 갖고 있다. 마라토너는 2시간 넘게 달리면서 주의연합 전략을 더 많이 사용한다. 심장, 호흡, 근육을 모니터링하면서 페이스를 조절한다. 또 주의연합과 주의분리 전략을 텔레비전 채널을 돌리듯이 필요에 따라 바꾸기도 한다.

나를 위한
최적 에너지

집중이 만들어내는 최고의 경지는 몰입임을 앞에서 설명했다. 현재에 집중하다 보면 몰입의 혜택을 얻을 가능성이 높아진다. 과거에 얽매이는 것, 미래를 미리 걱정하는 것은 인간이 통제할 수 있는 범위 밖에 있다. 우리가 통제할 수 있는 범위 안에 있는 것에 마음을 집중하는 것이 바람직하다.

일상생활과 직장에서 자신이 통제할 수 없는 것에 얼마나 많이 집중하는지 돌아보자. 나의 통제 범위 안에 있는 것들이면서, 마음이 다른 곳으로 떠나지 않고 현재에 머물게 해주는 집중법을 연습할 필요가 있다.

* 에너지 수준을 체크하라.
* 자기암시를 하라.

* 결정을 내려라.
* 과정목표를 세워라.
* 평가하지 마라.
* 루틴(routine)을 만들고 지켜라.
* 대화하고 격려하라.
* 성공 장면을 떠올려라.
* 모의연습을 하라.
* 과학습(overlearning)이 되도록 하라

에너지 수준이란 신체와 정신이 긴장하고 있는 정도다. 신체의 긴장은 심장박동, 호흡, 근육, 손에 땀나는 것으로 알 수 있다. 정신 긴장은 우려와 불안으로 나타난다.

에너지 수준이 과도하게 높으면 집중이 크게 위축된다. "아무 생각이 없었다" "앞이 하얗게 되었다" "동료가 안 보였다"는 표현은 에너지 수준이 지나치게 높아 집중의 폭이 크게 좁아졌을 때 나타나는 현상이다.

에너지 수준이 과도하게 낮아도 집중에 문제가 생긴다. 에너지 수준이 낮으면 먼저 적절하게 집중할 수 없다. 잡다한 생각이 많아지고 집중을 위한 힘도 부족하다.

자신의 최적 에너지 수준을 말해주는 느낌이 존재한다. 이 느낌을 찾아 재현하면 집중을 위한 최적의 조건이 만들어진다. 집중에 가장 도움이 되는 에너지 수준을 말해주는 느낌이 무엇일까?

최고의 기량을 발휘해야 하는 축구선수들은 에너지 수준을 잘 관리해야 한다. 그래야 집중하는 데 도움이 된다. 국가대표 수준의 축구선수들은 최적의 에너지 수준을 찾는 자신만의 독특한 느낌을 잘 알고 있다.

그 느낌이 들게 만들면 최고의 집중력을 발휘할 수 있다. 선수들은 대체로 자신감과 편안함에서 에너지 수준이 최적이라는 것을 느낀다. 심장이 약간 쿵쿵거릴 때가 가장 좋다는 선수도 있다. 몸과 다리가 가볍게 느껴질 때 최적이라고 판단하기도 한다. 끓어오르는 열정과 강렬한 시선이라는 응답도 있어 흥미롭다.

이 선수들은 최적의 에너지 수준에 도달할 수 있도록 준비하는 방법도 잘 알고 있다. 습관처럼 소중하게 지킨다. 자신에게 가장 도움이 되는 에너지 수준에 도달하기 위해 자신만의 루틴을 실천하고 있다.

이미지로 성공 장면을 그리는가 하면 심호흡과 스트레칭으로 최적의 몸과 마음 상태를 만들기도 한다. 동료와의 커뮤니케이션이나 팀 분위기를 띄우는 것과 같은 팀워크 행동도 들어 있다. 자기 자신과 함께 팀을 중요하게 여기는 태도를 엿볼 수 있다. 중요한 것은 자신에게 의미가 있는 독특한 방법을 주저하지 않고 말한다는 점이다. 그래서 시합 때마다 최적의 준비 상태를 스스로 만들 수 있는 것이다.

루틴을 만들고 지켜라 루틴은 자신이 습관적으로 지키는 일정한 행동의 절차다. 서브를 넣거나 샷을 하기 직전에 최적의 몸과 마음의 상태를 만들기 위해 일정한 행동을 순서대로 한다. 공을 몇 번 튀기기도 하고, 스트레칭을 하기도 하며, 머릿속으로 성공 장면을 그리기도 한다. 우수한 선수일수록 루틴의 일관성이 매우 높다. 상황이 달라지더라도 항상 일정한 방식으로 자신의 몸과 마음을 최적의 조건으로 만들기 위해 루틴을 지키는 것이다.

중요한 프레젠테이션, 공연, 시합에 임하면 예상하지 못했던 일이 끼어들어 집중을 방해할 수 있다. 루틴을 지키면 불확실성을 확실히 낮출 수 있다. 또 매번 일정한 방식으로 몸과 마음을 최적의 상태로 준비시키는 효과도 높다. 결국 루틴을 지키면 집중력을 항상 일정하게 관리할 수 있다. 시합 전날의 매크로 루틴, 시합 당일의 준비 루틴, 동작 전에 하는 미니 루틴 등이 그것이다.

과학습이 되도록 하라 과학습overlearning이란 충분한 수준을 넘는 학습을 말한다. 중요한 일을 앞두고 얼마만큼 연습하면 충분한 것일까. 연습 때 한두 번 성공했다고 만족하고 실전에 임하면 중대한 실수를 할 수도 있다. 실전이 주는 압박감과 주의 방해 요인이 수행을 방해하기 때문이다.

그래서 운동선수들은 충분한 수준을 뛰어넘는 정도까지 숙달시켜 시합에 나간다. 동일한 동작을 무수히 반복한다. 필요한 것 이상으로 기술을 숙달한다. 과훈련overtraining은 몸과 마음을 상하게 하지만 과학습은 실전에서 집중력을 높이는 데 도움이 된다.

과학습을 하면 동작에 대한 숙달도가 매우 높아진다. 한 유명 골퍼는 2미터 정도의 짧은 퍼팅을 연속 250회 성공시키는 것을 연습했다고 한다. 시합에서 짧은 퍼팅은 홀에서 한 번만 성공시키면 된다. 필요한 것을 훨씬 초과할 정도로 학습해 둔 것이다.

과학습을 통해 동작에 대한 숙달도를 높이면 그 동작을 하는 데 필요한 집중의 용량이 줄어든다. 심각하게 집중하지 않아도 저절로 동작이 된다는 뜻이다. 그러면 전체 집중 용량에 여유가 생긴다. 집중에 여유가 생기면 전략을 구상하거나 경기를 분석하는 일에도 집중할 수 있다. 과학습을 하면 시합 집중에 여유가 생기고 유연하게 대처할 수 있는 것이다. 직장에서, 학교에서 중요한 일을 불필요하다고 여겨질만큼 반복해서 해둔다면 중요한 순간에 여유를 갖게 될 것이다.

03
자신감 트레이닝

긍정적인 암시를 하는 순간 자신감이 생겨난다.
실수했을 때도 마찬가지다. '실수는 실수다. 얽매일 필요가 없다.
잘할 수 있다. 또 이런 기회가 오면 성공시킬 수 있다.
집중하면 충분하다. 앞으로 더 잘할 것이고 충분히 만회할 수 있다'라고 생각해야 한다.

불안에 유효기간을 설정하라

막연한 불안감으로 고생하는 사람이 많다. 회사의 신입사원, 군대의 신병, 스포츠팀의 막내 선수가 특히 그렇다. 조직 내에서 잘못되거나 책임 소재가 불분명한 일이 있으면 시선이 이들에게 쏠린다. 무슨 행동을 하더라도 제대로 한 것인지, 잘못 보인 것은 아닌지 항상 불안해한다. 불안이 유발되는 상황이 아닌데도 불안감으로 가득 차 있다. 그렇다 보니 몸이 긴장되어 쉽게 피곤해진다. 언제 시작되고 언제 끝날지도 모르는 불안 속에서 생활한다.

막연한 불안감이 존재한다면 불안에 유효기간을 설정하자. 우유 제품에는 유효기간이 표시되어 있다. 유효기간 이내까지만 우유 품질을 보장한다는 뜻이다. 불안에도 유효기간을 설정할 수 있다. 막연한 불안감에 유효기간을 설정하면 유효기간이 끝난 후에는 불안감도 사라진다고 생각하자.

한 우유 회사 제품에는 생산일자와 유효기간이 모두 표시된다고 한다. 막연한 불안감도 시작일자와 유효기간을 모두 정하면 좋겠다. 유효기간이 지나면 불안감은 더 이상 의미가 없다. 폐기처분의 대상이다. 나만의 불안 유효기간을 정하고 불안감을 훨훨 벗어던지자.

명문 프로축구팀의 1년차 공격수는 불안에 유효기간을 설정하는 교육을 받고 프로 1년차 두려움을 털어버렸다. 명문 구단의 프로 초년생으로서 잘 보여야 한다는 압박감으로 인해 집중을 제대로 하지 못하고 있었다. 주변에서 모두가 자신에 대해 이야기하는 것 같은 느낌이 들었다. 어디에 어떻게 집중해야 할지 불안했고, 주변 사람들이 하는 말 때문에 가끔 정신이 없어지는 느낌도 받았다.

프로 초년생으로서 부담감은 피할 수 없는 것이었다. 하지만 막연한 불안감으로 집중이 심하게 방해받는 것은 본인이나 팀에 도움이 안 된다. 그래서 불안에 유효기간을 정하는 방법을 시도했다.

불안이 시작되고 사라지는 운명을 알면 집중을 하는 데 큰 도움이 된다. 단거리 선수라면 불안의 운명은 시합 2시간 전부터 시합 직후 3분까지라는 점을 알면 좋다. 시합 2주 전부터 시합 전날까지 수시로 불안으로 고생하는 것은 불합리하다.

프로 1년차 공격수는 설정한 불안 유효기간이 만료되고 7일 후에 프로 데뷔골을 터뜨렸다. 이 선수는 교체 투입되어 그라운드를 밟은 지 단 1분 만에 결승골을 쏘았다. 자신의 프로무대 첫 골이지만 결승골이었다. 후반 종료 직전에도 동료의 추가골을 도와 팀 승리의 주역이라는 찬사를 받았다. 불안의 유효기간이 끝나자 불안감을 훌훌 털고 경기에 고도로 집중할 수 있었던 것이다.

자신감은
실력을 조종하는 날개

서울의 한 초등학교는 전교생을 대상으로 한강 헤엄쳐 건너기 행사를 개최하는 것으로 유명하다. 색색의 수영복과 수영모를 쓴 아이들이 드넓은 한강을 헤엄쳐 건너는 장면은 뉴스를 통해 전국에 알려지기도 했다. 이 초등학교에는 실내 수영장이 있고 학생들은 행사에 대비해 체육시간에 수영 연습을 충분히 한다.

그런데 연습 때 한강을 헤엄칠 수 있는 수영 실력이 있다고 합격 판정을 받은 아이들 중에서 매년 20여 명은 행사 당일 겁에 질려 포기하고 만다. 갈고닦은 실력을 발휘하지 못하는 안타까운 상황이 벌어진다. 강을 건널 수 있는 객관적인 실력이 있는 것으로 교사가 판정했는데도 막상 행사 당일 자신감이 없어진 것이다. 교사도 예상하지 못한 일이다. 강을 건너는 데 성공하는가 아니면 겁에 질려 포기하는가는 수영 실력을 넘어 자신감의 문제다.

미국의 버지니아대, 콜로라도대, 퍼듀대의 스포츠심리학자들은 공동으로 흥미로운 실험을 했다. 수영을 배우는 것을 두려워하는 6세 남녀 아이를 대상으로 학습지와 특성이 유사한 또래 모델peer model이 등장하는 비디오를 보여주고 물에 대한 두려움, 수영 학습, 수영 자신감에 미치는 영향을 분석했다. 비디오는 또래 남녀 아이들이 자신감과 긍정적인 태도를 보여주는 장면으로 가득 차 있었다.

비디오에는 수영을 배우는 것에 대해 "나는 할 수 있어요" "재미있어요" "쉬워요" "저 잘해요"라는 말을 하는 또래 아이들이 등장했다. 또래 모델을 내세워 잘할 수 있다는 자신감을 심어주는 역할을 하도록 기획된 비디오였다. 아이들은 이 비디오를 먼저 시청한 다음 수영 실기수업을 받았다.

수영 실기를 하기 전에 7분간 이 성공 장면 비디오를 본 아이들은 같은 시간에 1969년 시작되어 120개국 이상에서 방송되고 있는 유아 교육용 TV 프로그램인 세서미 스트리트Sesame Street를 본 아이들에 비해 여러 측면에서 월등한 향상을 보였다. 성공 장면 비디오를 3일간 3차례 본 것인데도 두 집단의 차이는 뚜렷했다. 성공 장면 비디오를 본 아이들은 세서미 스트리트를 본 아이들에 비해 물에 대한 두려움이 크게 줄었고, 자신감이 더 높아졌으며, 실제 수영 능력도 더 많이 향상되었다. 연구진은 이 연구가 주는 교육적 시사점을 다음과 같이 정리했다.

두려움이 많고, 자신감이 낮으며 새로운 기술을 배우는 데 어려움을 겪는 아이들에게 또래 모델을 이용해 실제로 시범을 보여주거나 비디오를 보여줄 필요가 있다. 또래 모델이 시범을 보여주면 그렇지 않은 것에 비해 기술 학습, 자신감, 두려움 극복에 의미 있는 효과가 일관성 있게 나타난다. 또래 모델을 활용하는 것은 학생들의 심리와 기술 향상에 도움을 줄 수 있는 아주 쉬우며, 비용이 들지 않고, 자연스럽게 할 수 있는 수영 지도법이다.

- RQES, 1998, pp. 392-393

한강 헤엄쳐 건너기 행사에 앞서 참가 예정 학생들에게 성공 장면을 미리 보여줬다면 어떤 효과가 있었을까. 행사를 앞두고 1주일간 1교시 시작 전에 전교생에게 이전 행사의 성공 장면을 모아 편집한 영상물을 보여줬더라면 좋았을 것 같다. 물에 대한 두려움을 낮춰주고, 강을 헤엄쳐 건너는 것이 어렵지 않다는 자신감을 길러줬을 것이다.

실력이 있다고 실력이 발휘되는 것은 아니다. 실력에 날개를 달아주는 것은 자신감이다. 자신감을 길러주는 교육이 그래서 필요하다.

인생을 살면서 자신감이 운명을 바꾸기도 한다. 요리에 대한 자신감을 살려 멋진 식당을 성공적으로 경영한 사람도 있다. 하지만 자신감을 살리지 못해 창업을 망설이다 후회하는 사람도 많을 것이다. "그때 자신 있게 했어야 했는데"라는 후회를 하기도 한다. 중요한 일의 결정이 자신감과 직결되어 있는 것이다. 진로를 결정할 때도 자신감이 열쇠를 갖고 있다. 객관적인 실력도 중요하지만 실력에 날개를 달아주는 것은 자신감이다. 자신감은 실력을 조종해 날게 만든다.

선수의 기량은 자동차며, 기량에 대한 믿음은 운전사에 비유할 수 있겠다. 자동차가 아무리 좋아도 운전사가 없다면 운행할 수 없지 않은가. 1999년 월드컵 당시 미국 여자축구의 최고 공격수였던 미아 햄Mia Hamm은 중국팀과의 승부차기에서 자신감 부족을 이유로 자신을 명단에서 빼달라고 코치에게 요구했다. 세계 최고 수준의 공격수도 자신감 부족으로 승부차기를 회피한 것이었다. 코치는 미아 햄을 설득했고, 결국 미아 햄은 골을 성공시켰다. 승부차기의 성공으로 미국팀은 월드컵 우승을 달성할 수 있었다. 미아 햄의 실력을 움직인 것은 바로 자신감이었다.

자신감은 자신이 가진 능력으로 경기를 성공적으로 할 수 있다는 믿음이다. 시합에서 좋은 경기력을 발휘하기 위해서는 우선 실력이 뛰어나야 한다. 하지만 실력이 전부는 아니다. 선수가 자신의 실력에 대해 스스로 얼마나 믿는가도 중요하다.

아무리 훌륭한 선수라도 자신감이 흔들릴 때가 있다. 한번 생겼던 자신감이 영구 보존되지 않기 때문이다. 자신의 기량을 평가하는 주변의 기준이 높으면 자신감이 위축된다. 자신의 기량을 과소

평가하는 것도 자신감을 흔든다. 가족, 팬, 지도자의 기대가 높으면 실수에 대한 두려움이 커지고 부담감이 커진다.

시합이나 중요한 일을 앞두고 자신감이 문제가 되는 사람이 있다면 주변에 있는 지도자나 동료가 신속히 대응해야 한다. 자신감을 낮추는 원인인 부정적인 생각과 과도한 압박감을 합리적인 방향으로 돌리도록 설득하는 것이 필요하다. "충분하게 준비되었다" "나는 나의 훈련량을 믿는다"라는 생각을 심어주는 것이 좋다.

할 수 있다는 생각이 중요한 이유

어떤 일을 잘하고 싶다면 먼저 내면의 소리에 귀를 기울일 필요가 있다. 마음속으로 자신에게 하는 말의 내용이 무엇인가? 긍정적 생각과 부정적 생각이 끊임없이 싸우고 있지는 않은가? 긍정적 생각보다 부정적 생각을 먼저 떠올리고 있는 것은 아닌가? 부정적인 세계관을 갖고 있으면 다음과 같은 생각에 사로잡힌다.

* 어쩌다 운이 좋았는데 앞으로 이런 일은 일어나지 않을 것이다.
* 한 가지 일이 잘못되면 다른 일 모두가 망쳐질 것이라고 생각한다.
* 실력이 아니라 운 때문에 좋은 결과가 나왔다.
* 실수를 아주 많이 했고, 계속 실수할 것이다.

어떤 일을 진정으로 잘하는 사람은 자신의 마음을 다스릴 줄 안다. '잘할 수 있을까?'라고 의심하기보다는 '이런 것은 수도 없이 성공시켰다'라고 말한다. 긍정적인 암시를 하는 순간 자신감이 생겨난다. 실수했을 때도 마찬가지다. '실수는 실수다. 얽매일 필요가 없다. 잘할 수 있다. 또 이런 기회가 오면 성공시킬 수 있다. 집중하면 충분하다. 앞으로 더 잘할 것이고 충분히 만회할 수 있다'라고 생각해야 한다.

어떤 일이 잘될 때는 앞으로도 계속 잘될 것이라고 믿어야 한다. 어쩌다 한 번 운이 좋아서 잘되었고 앞으로는 안 될 것이라고 스스로 과소평가해서는 안 된다.

마음속에서의 자신과의 싸움에서 먼저 이겨야 진정으로 잘할 수 있다. 먼저 자신의 마음을 다스리는 것부터 성공해야 한다. 마음속에 떠돌아다니는 자책, 갈등, 주저, 의심을 다스릴 수 있어야 한다. 자책, 갈등, 주저하는 마음, 의심과의 싸움에서 먼저 이겨야 한다.

시합을 잘한 선수, 업무를 잘 수행한 사람, 시험을 잘 치른 학생, 공연을 잘 마친 예술가는 이미 마음속에서 자신과 싸워 이긴 사람이다. 부정적인 생각을 물리치고 '나도 할 수 있다, 자신 있다'고 진심으로 믿을 수 있는 것은 스포츠뿐만 아니라 인생에서도 좋은 재산이다. 자신감을 일관성 있게 갖기 위해서는 다음과 같은 긍정의 세계관을 가져야 할 것이다.

* 좋은 결과가 나왔고 앞으로도 계속 좋은 결과가 난다(지속성).
* 한 가지 일이 잘되면 다른 일도 모두 잘될 것이다(확장성).
* 내 실력 덕분에 좋은 결과가 나왔다(자기 주도성).
* 실수는 이제 다 나왔고, 다음 일에 영향을 안 줄 것이다. 다음에 잘하면 실수를 만회할 수 있다(실수 극복력).

팀 자신감

내가 어떤 일을 잘할 수 있다는 믿음은 자기효능감이다. 그런데 팀을 이루어 일을 해야 하는 상황이라면 팀효능감team efficacy도 존재한다. 팀 자신감은 집합적 효능감collective efficacy이라고도 하는데 팀원 모두가 팀이 성공할 수 있다고 믿는 것을 말한다.

팀원 각자가 가진 자기효능감을 모두 합치면 팀효능감이 되는 것일까? 자기효능감이 모여 팀효능감이 되는 경우도 있지만 그렇지 않은 상황도 많다.

400미터 릴레이를 하는 주자를 생각해보자. 주자는 각자 맡은 구간을 잘 뛸 수 있다는 개인 자신감을 갖고 있다. 또 릴레이는 팀 경기이므로 팀이 잘할 수 있다는 자신감도 갖고 있어야 한다. 자기효능감은 개인 자신감일 뿐 팀효능감과 항상 일치하는 것은 아니다.

자기효능감은 높지만 팀효능감이 낮은 주자도 있을 수 있다. 자기는 잘 뛰지만 다른 선수 때문에 결국 질 것이라고 생각하는 선수가 바로 그렇다. 반대로 자기효능감은 낮지만 팀효능감이 높은 사람도 있다. 나는 부족하지만 우리 팀은 꼭 성공할 것이라고 믿는 사람이다. 팀원 각자는 자기효능감과 팀효능감이라는 두 가지 자신감을 갖고 있는 것이다. 두 자신감 모두 중요하다. 팀에 자기효능감은 높지만 팀효능감이 낮은 사람이 많다면 팀워크가 흔들릴 것이다.

팀원 각자가 얼마나 자신감을 갖는가는 중요하다. 하지만 팀원 각자가 팀 자신감을 높게 갖는 것도 중요하다. 구성원 모두가 우리 팀은 이길 수 있다고 믿어야만 어려운 상황을 잘 극복할 수 있을 것이다. 나는 부족하지만 우리 팀은 해낼 수 있다고 믿으면 기적이 일어나기도 한다.

팀 자신감을 높이려면 우리 팀이 갖고 있는 객관적인 장점을 파악하는 것이 필요하다. 팀원이 모두 모여 팀이 갖고 있는 장점을 찾아 리스

트를 만든다. 이 과정을 거치면서 동료의 생각이 무엇인지 이해하게 된다. 자신도 알지 못했던 팀의 장점을 찾을 수 있을 것이다. 팀이 갖고 있는 객관적인 장점을 팀원 모두가 공유할 수 있게 된다.

팀 자신감을 위한 장점 리스트

A 프로 배구팀	B 프로 배구팀
● 양 날개의 공격력이 있다. ● 높이에 자신감이 있다. ● 힘든 훈련을 했다는 자신감이 있다. ● 이기고자 하는 의욕이 있다. ● 선수 상호간 이해하고 신뢰한다.	● 선수 모두의 승리 자신감이 높다. ● 개인 능력이 탁월해 언제든지 득점이 가능하다. ● 역전에 강하다. ● 커뮤니케이션과 격려가 좋다. ● 베테랑 선수의 팀 리딩 능력이 좋다.

자신감을 얻는 4가지 원천

좋은 이론이 때론 좋은 방법을 알려준다. 자신감에 관한 독보적인 이론 체계를 만든 앨버트 밴두러Albert Bandura는 인간의 행동에 동기를 부여하는 데 커다란 업적을 남겼다. 그는 인간의 행동을 예측할 수 있는 가장 강력한 예측변인으로 어떤 세부적인 과제를 성공적으로 수행할 수 있다는 믿음인 자기효능감self-efficacy을 꼽았다. 자기효능감을 알면 이후 행동의 성공 여부를 쉽게 예측할 수 있다는 것이다.

자기효능감은 어떤 일을 성공적으로 할 수 있다는 스스로의 믿음을 말한다. 쉽게 말해 세부적인 업무나 과제를 성공적으로 수행할 수 있다는 자신감이다. 예를 들어, 중국 현지의 업무 파트너와 협상에 관한 국제전화를 성공적으로 할 수 있다는 믿음이 100퍼센트라면 자기효능감이 완벽한 상태다. 이 사람에게 국제전화로

협의하는 일을 맡기면 업무를 성공적으로 수행할 것으로 봐도 좋을 것이다.

자기효능감은 행동의 성공을 예측하는 가장 강력한 변인이라고 했다. 따라서 자기효능감을 높인다면 행동의 성공 가능성도 그만큼 높아질 것이다. 밴두러는 자기효능감이 만들어지는 4가지 원천을 제시했다. 이들 원천은 과거 수행, 간접 경험, 언어적 설득, 신체 정서 상태다. 이 4가지 중에 1가지에라도 공을 들인다면 자기효능감을 높이는 것이 가능해진다.

자기효능감을 높이는 4가지 원천

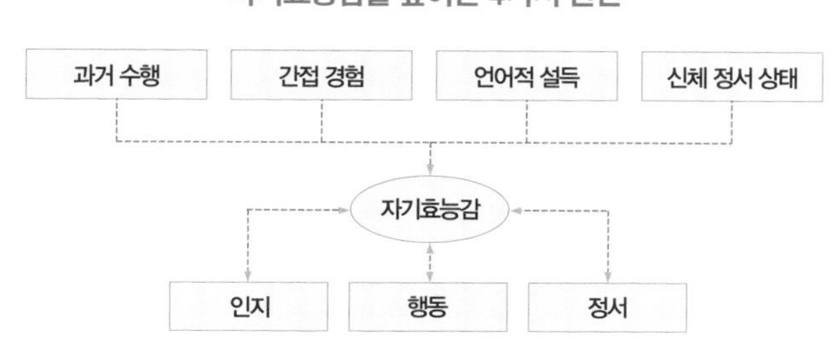

자기효능감은 4가지 원천에 의해 발생한다. 왼쪽에 배치된 원천일수록 영향력이 더 크다.
즉 과거 수행은 간접 경험이나 언어적 설득에 비해 자기효능감에 미치는 영향이 더 크다.

첫째, 과거 수행이란 과거에 유사한 상황에서 성공한 것을 얼마나 인식하는가를 말한다. 성취경험이라고도 할 수 있는데 자기효능감을 결정하는 데 가장 중요한 역할을 한다. 이전에 잘한 경험이 잘 축적되어 있다면 현재 주어진 과제에 대한 자기효능감도 높을 것이다. 과거의 상황과 현재의 상황이 유사할수록 영향력이 강해진다.

둘째, 간접 경험이란 다른 사람의 행동을 관찰하는 것을 말한다. 관찰의 대상, 즉 시범을 보여주는 사람을 모델이라고 한다. 모델을 관찰해 간접 경험을 얻는 것을 모델링modeling이라고 한다. 모델의 시범을 직접 관찰할 수 있고 비디오나 이미지 트레이닝으로 경험할 수도 있다.

셋째, 언어적 설득이란 잘할 수 있다고 메시지를 주는 말이나 행동을 말한다. 주변 사람들이 잘할 수 있다고 격려하면 자신감이 생기는 경험을 많이 했을 것이다. 언어적 설득은 해당 분야에서 노하우가 많은 전문가가 해주면 효과가 크다.

넷째, 신체 정서 상태도 자기효능감을 발생시키는 데 영향을 준다. 심장 박동이 빨라지거나 손에 땀이 나는 것을 느끼면 자기효능감이 달라질 수 있다. 이 정보를 긍정적으로 해석하면 자기효능감을 높일 수 있다. 그러나 실망감, 피로감, 당황감과 같은 부정적인 느낌을 받은 일이라면 자기효능감이 떨어지게 된다. 직장, 학교, 군대, 스포츠, 예술 분야에서 자기효능감이 많이 필요할 때가 있을 것이다. 자신이 어떤 일을 잘할 수 있다는 생각과 믿음은 어디에서 나오는 것일까. 밴두러가 제시한 4가지 원천은 일반적인 범주일 것이다. 실제로 사람들은 자기가 좋아하는 자기효능감의 원천이 따로 있을 수도 있다.

자기효능감은 어디에서 오는가? 사람마다 중요하게 생각하는 자기효능감의 원천이 다를 수 있다. 주변의 격려와 칭찬에 민감한 동료가 있다면 따뜻한 격려를 하는 것이 최고의 응원법이 될 것이다. 아래의 4가지 자기효능감 발생 원천을 참고해 나의 자기효능감은 주로 어디서 오는지 1위와 2위를 찾아보자.

* 과거 수행: 이전의 수행 성공, 연습량, 업무 숙달
* 간접 경험: 동료의 수행 관찰, 비디오 분석, 성공 장면 이미지
* 언어적 설득: 주변의 격려와 칭찬, 긍정적 자기암시
* 신체 정서 상태: 몸 상태, 적당한 컨디션, 재미와 성취 기대심리

운동선수라면 다음과 같은 9가지 요소로부터 자기효능감이 생겨난다고 알려져 있다. 자기효능감을 발생시키는 데 도움이 된다고 생각되는 것을 골라 시합에 대비할 때 일관성 있게 집중할 필요가 있겠다.

* 시합 승리, 다른 선수보다 뛰어난 기량, 기술 숙달, 목표 달성과 같은 성공 체험

* 충분한 체력훈련과 시합에 대비한 훈련
* 최고 수준의 컨디션 조절을 위한 자기 관리
* 자기 플레이 비디오 분석, 동료 관찰, 이미지 트레이닝
* 지도자와 동료로부터 받는 긍정적 피드백과 격려
* 지도자의 판단과 리더십에 대한 신뢰감
* 경기장 분위기에 대한 익숙함
* 자신의 몸 상태와 밖으로 비치는 모습에 대한 자신감
* 자신과 팀에 유리한 경기 일정

평소에 건강을 위해 운동할 때도 자기효능감에 공을 들이면 좋다. 성인 10명 가운데 꾸준히 운동을 실천하는 사람은 2명 정도밖에 되지 않는다. 나머지 8명이 운동에 대한 자기효능감을 키운다면 운동 실천자 대열에 합류할 가능성이 높아질 것이다. 밴두러의 이론을 바탕으로 운동에 대한 자기효능감을 끌어내는 전략을 찾는 것도 어렵지 않아 보인다.

자신감을 향상시키는 4가지 비법

과학습 과학습overlearning이란 학습의 수준을 충분한 것 이상으로 끌어올리는 것을 말한다. 필요한 수준으로 학습을 완성하는 데 그치지 않고 과도한 수준으로 반복해 학습하면 압박감이 높은 상황에서 실력을 발휘하는 데 도움이 된다. 스포츠 상황은 과학습으로 넘쳐난다. 테니스에서 서브는 두 번 중에 한 번만 성공하면 된다. 하지만 연습 때는 수십 회를 연속 성공시키도록 학습한다. 그래야만 시합 때 성공 확률이 높아지기 때문이다. 골프도 마찬가지다. 티샷은 홀마다 한 번만 성공하면 되지만 연습할 때 한 번만 성공시키고 시합에 나가는 선수는 없을 것이다.

실제 시합에서 한 타를 성공시키기 위해서는 연습 때 수십, 수백 번의 연속 성공 능력을 갖춰야 한다. 짧은 퍼팅 하나를 성공시키기 위해 연습 때 무려 250회를 연속 성공시키는 골퍼도 있다. 실전에서 필요한 것보다 훨씬 높은 수준으로 연습해야 압박감을 이기고 성공할 수 있다.

실전에서 성공하기 위해서는 과학습을 해야 한다. 수학 문제를 한 번 풀었다고 만족해서는 안 된다. 수십 번 반복 숙달해야 실전에서 비슷한 문제를 풀 수 있다. 외국어 학습도 한 번으로 충분하지 않다. 공연 연습, 시합 준비, 발표 연습, 기계 조작 등도 마찬가지다. 한 번 잘되었다고 만족해서는 안 된다.

실전에서는 한 번이지만 이것을 성공시키기 위해서는 수십, 수백 번 연습해야 한다. 필요한 것 이상으로 반복 숙달해 두면 실전에서 자신감이 살아날 것이다. '나는 이것을 수십, 수백 번 연속 성공시켰다. 나는 그 기록을 믿는다'는 생각이 들면 실전은 연습보다 더 쉬울 것이다. 올림픽에서 최초로 10점 만점을 받은 루마니아 출신의 체조 요정 나디아 코마네치Nadia Comaneci도 과학습 덕분에 잘할 수 있었다고 한다.

고된 훈련 덕분에 쉬웠다. 그게 나의 비결이다. 그래서 나는 승리했다.

- 나디아 코마네치

과학습이 필요한 분야에서 과학습을 소홀히 하지 않았는지 따져보면 좋겠다. 하지만 과학습을 위해 과훈련이 이루어진다면 득보다 실이 많아질 것이다. 과훈련은 훈련을 너무 많이 해 피로, 집중력 상실, 의욕 상실 등 원치 않는 증상이 나타나는 상태다. 과학습은 좋지만 과훈련은 피해야 한다.

25연승을 이끈 리더십 최천식 감독이 이끄는 인하대 배구팀은 25연승이라는 대기록을 갖고 있다. 배구 경기는 승리와 패배 둘 중 하나로 결정된다. 무승부가 있는 축구와는 다르다. 그래서 긴장감, 불안감이 높다. 25연승은 확률로 따지면 1억 몇천만 분의 1이다. 이순신 장군이 왜적과 싸워 얻은 23전 23승의 확률과 비슷하다. 이런 기적과 같은 기록을 이룩한 배경에는 자신감 리더십이 있었다.

최 감독은 선수들에게 '신뢰와 자신감'의 메시지를 끊임없이 보냈다. 자신의 선수 시절을 돌아보니 지도자가 오히려 선수의 사기를 떨어뜨린다는 생각이 들었다. 그래서 선수의 사기를 높여주고 자신감을 키워주기 위해 선수 입장에서 필요한 것이 무엇인가를 자주 생각했다. 선수의 몸 상태, 현재 처한 상황에서 가장 도움이 되는 것을 찾아주었다. 선수의 사기와 자신감을 끌어내는 리더가 되려고 노력한 것이다.

그의 자신감 리더십은 라이벌 대학과의 중요한 시합 때 행동으로 나타났다. 1세트를 상대팀에 내줬다. 흐름을 끊기 위해 작전타임을 불렀다. 선수들은 감독에게 혼날 것을 미리 걱정했다. 어떤 작전을 내릴지 조마조마한 마음으로 모였다. 그런데 "인생 뭐 있어. 고(Go!)지. 너희들 맘대로 해봐라. 난 너희를 믿는다"라고 말했다. 감독의 말에 선수들은 잠깐 당황했다. 하지만 그것도 잠시뿐이고 그들은 머리를 맞대고 대비책을 찾았다. 강점을 찾고 약점을 보완하기 위한 전략을 스스로 찾기 시작했다. 대화가 늘었고, 분발의 제스처가 많아졌다. 실수에 대해 비난하지 않고 오히려 도와주고 헌신하는 모습도 더 자주 보였다. 결국 경기를 뒤집고야 말았고, 그 후 연승 행진이 시작되었다.

시합 때 필요한 자신감을 어떻게 길러야 하는지 진심으로 조언을 했다. “피땀 흘려 연습하고도 시합 때 떨고 있으면 얼마나 억울한가? 부모가 본다. 관중이 본다. 너무 억울하지 않은가? 그렇지 않으려면 훈련 때 완성해 둬야 한다. 훈련 때 충분히 준비해 둬야 한다. 훈련에 집중하면 충분히 해낼 수 있다”고 설득했다. 혼내기보다는 준비의 중요성을 차분히 설명했다.

스포츠 심리학자들은 UCLA의 전설적 농구코치인 존 우든John Wooden의 말을 연구했다. 훈련 때 선수들에게 무슨 말을 하는지를 분석한 결과 75퍼센트는 선수들에게 구체적인 지시를 내리는 것이었다. 12퍼센트는 빠르게 움직이라는 지시였고, 7퍼센트는 칭찬이었다. 잘못을 나무라는 것은 6퍼센트에 불과했다고 한다.

훌륭한 지도자는 선수가 잘할 수 있다는 자신감을 갖도록 메시지를 전달한다는 것을 알 수 있다. 팀원의 자신감은 리더의 말로 인해 살아난다.

금메달의 목표 설정법 스포츠, 공부, 직업에서 뛰어난 성취를 보이는 사람들은 목표를 잘 세운다는 공통점을 갖고 있다. 흔히 '최선을 다한다'라는 목표를 많이 세운다. 하지만 뛰어난 성취를 보인 사람들은 다르다. 이들은 SUPI 목표를 세운다.

SUPI 목표란 최선을 다한다는 막연한 목표가 아닌 매우 구체적인Specific 목표, 자신의 통제 범위 안에 있는Under your control 목표, 긍정적Positive 표현으로 설정한 목표, 머릿속에 있는 목표가 아니라 펜으로 기록한Ink 목표를 말한다. 최선을 다한다는 목표의 효과를 100으로 할 때 SUPI 목표는 116퍼센트의 효과가 있다. 16퍼센트를 초과달성할 수 있는 에너지를 제공한다. 기업의 월간 목표에서 16퍼센트 향상 실적이라면 무시하지 못할 수준이 아닌가. 막연히 '최선을 다하자'라는 목표로 얻은 성과를 훨씬 뛰어넘을 수 있다.

2010년 2월 동계올림픽 스피드스케이팅에서 금메달이 쏟아졌다. 쇼트트랙에서 잘한 것은 널리 알려져 있지만 스피드스케이팅에서 우리 선수들이 세계 최고가 될 것이라고 기대했던 사람은 많지 않았다. 대표팀의 김관규 감독이 선수들에게 세워준 목표에 그 비결이 있었다. 그는 선수 개인별로 목표를 설정해 주었다. 개인별로 통제가 가능하면서 구체적인 목표를 세워준 것이다. 팀원 전체가 비슷한 패턴으로 훈련하는 것에 비해 효과가 월등히 뛰어났다.

김 감독이 코칭을 하면서 가장 힘을 많이 쏟은 것은 개인별로 훈련 목표를 작성해주는 것이었다. 종이에 개인별 훈련 프로그램을 작성하고 찢어버리기를 무수히 반복했다. 그 결과 선수들은 SUPI 목표 설정의 원칙이 적용된 프로그램을 받을 수 있었다. SUPI 원칙이 적용된 목표는 노력을 더 많이 투자하고 더 지속하도록 만들었다. 좋은 목표를 설정할 줄 아는 리더 덕분에 선수들은 금빛 자신감을 키운 것이다.

훈련일기 전문가는 스스로 성장해야 한다. 전문가를 도와줄 선생님은 많지 않다. 그래서 전문가는 자신이 바로 선생님이자, 코치, 감독, 매니저, 트레이너가 되어야 할 때가 많다. 엘리트 운동선수도 운동 전문가다. 운동선수는 주당 30시간 이상을 훈련하고 성장기의 훈련시간을 누적하면 수만 시간에 이른다. 한 분야에서 이만큼 시간을 투자하면 누구나 '전문가'라 할 수 있다. 그래서 운동선수는 그 종목의 전문가다. 누가 가르쳐서 배우기보다 스스로 성장해야 한다.

일기를 쓰면 자기효능감을 키우는 데 도움이 된다. 운동선수가 훈련일기를 적으면 그 기간에는 실력이 쑥쑥 큰다. 훈련일기를 적지 않으면 실력은 늘지 않는다. 무언가를 기록하면 자신감과 실력이 큰다.

운동선수의 일기는 일반인이 쓰는 생활일기와 달라야 한다. 훈련일기를 적으면 잘하는 비법이 무엇인지 확실해진다. 동작에 대한 세부적인 느낌, 전술의 원리 등 잊지 말아야 할 것이 기록되기 때문이다. 자신감과 실력이 차곡차곡 쌓여간다. 훈련일기를 적으면 얻을 수 있는 혜택을 정리해보자.

* 하루의 훈련을 반성할 수 있다.
* 성공의 비법을 자신만의 용어로 정리할 수 있다.
* 최신의 감각, 느낌을 언어화할 수 있다.
* 그림과 함께 쓰면 전술 지식도 높일 수 있다.
* 시합 전날 다시 보면 훈련량에 대한 믿음이 생긴다.
* 슬럼프가 왔을 때 기본으로 돌아가는 나침반이다.
* 지도자가 되었을 때 지식 창고가 된다.

훈련일기에는 날짜와 날씨, 그리고 중요한 시합까지 남은 기간을 표시한다. 그날의 훈련 내용과 함께 잘하기 위해 기억해야 할 것, 반성, 각오, 내일의 목표가 포함되도록 하는 것이 좋다. 기억해야 할 것을 잘 적는 것은 특별히 중요하다. 잘되는 느낌, 동작의 방법, 전술 개념 등을 그림과 함께 자신에게 의미를 주는 말로 써야 한다. 중요한 내용은 글자를 크게 하고, 색을 다르게 하는 것도 좋다.

훈련일기는 훈련이 없는 날은 안 써도 된다. 부담 없이 적어야 한다는 뜻이다. 같은 내용이 반복되면 반복해서 적어도 괜찮다. 아니면 이전 내용 옆에 추가적으로 보완 설명을 붙이거나 새로운 느낌을 적어도 좋다. 글을 쓰는 게 부담스럽다면 수치로만 작성하는 훈련일기도 있다. 17세 이하 여자월드컵에서 우승을 이끈 여민지 선수는 훈련일기와 함께 성장했다. 7년간 총 6권을 적었다고 한다.

일기를 쓸 노트를 선택하는 것도 중요하다. A4용지만 한 사이즈의 노트는 작성하는 데 부담이 크다. A4용지 반 크기가 좋다. 책처럼 제본된 노트보다는 스프링으로 제본된 것이 좋다. 필요한 페이지를 찾아가기 편하고 노트 중앙을 눌러둘 필요가 없기 때문이다. 시합 전날 필요한 부분을 펼쳐볼 때도 좋다.

문장과 문단을 갖출 필요가 없다. 자신에게 의미가 있으면 그만이다. 그림을 그리거나 명칭을 만들면 좋다. 자신만의 성공비법을 적는다고 생각하면 된다. 일기를 쓰면 자신감과 실력이 향상되고, 쓰지 않으면 줄어들 것이다.

자신감 리셋

한 프로배구팀이 부진에 빠졌다. 선수들은 우리 팀은 결국 질 것이라는 패배의식을 갖고 있었다. 그래서 시합 중에 실점이 나오면 쉽게 무너졌다. 잘나가다가도 실점이 한 번 나오면 패배의식이 번지기 시작했다. 득점과 실점 상황에서 선수들의 마음은 한결같지 않고 요동쳤다.

포인트가 결정되면 생각과 느낌을 다시 최적의 상태로 만들고 다음 동작을 대비할 수 있는 프로토콜이 필요했다. 생각과 느낌을 초기화하는 리셋 세리머니를 만들기로 했다. 포인트가 결정되면 매번 똑같은 방식으로 행동, 느낌, 생각을 초기화하면 집중력과 자신감을 살리기에 좋을 것이다. 그래서 득점 직후와 실점 직후에 매번 리셋 세리머니를 실천하도록 했다.

득점 직후 리셋 세리머니

- 둥글게 모여 서서 하이파이브(손 마주치기)로 진심으로 축하하기(행동).
- 공격 성공 선수뿐만 아니라 코트에 있는 선수 모두가 잘했기 때문이라는 자부심 느끼기(느낌).
- 아자! 더 집중하자! 기분 좋게!(생각)

실점 직후 리셋 세리머니

- 실수한 선수에게 다가가 손 마주치고 진심으로 격려하기. "내가 이렇게 할 테니까 이렇게만 해줘"라는 대화 나누기(행동).

- 실수한 선수 탓으로 돌리지 않고 나의 책임, 우리 모두의 책임이라는 것을 진심으로 느끼기(느낌).
- 우리는 하나다! 다시 하자! 할 수 있다! 더 집중! 언제라도 따라잡는다!(생각)

그러자 팀이 달라지기 시작했다. 실수가 나면 모두 리셋 세리머니에 참가했다. 실수를 잊어버리고 다시 자신감과 집중력을 살리려고 노력했다. 실수를 해도 예전처럼 쉽게 무너지지 않았다. 포인트가 결정되면 다음 상황에 대비하는 데 집중했다. 응집력이 살아났고 모처럼 역전을 하기도 했다. "요즘처럼만 잘해주면 한이 없지요"라는 팀 관계자의 말에서 팀이 달라졌다는 것을 알 수 있었다.

표적을 마음에 품어라

스포츠에서 성공한 선수들의 공통점은 먼저 자신을 이겼다는 점이다. 부정적인 생각이 떠오를 때마다 이를 극복하는 능력이 탁월하다. 부정적인 생각은 한순간에 수십 가지가 생기기도 한다. 언제 어느 상황에서 나올지 모르는 것이 나쁜 생각들이다.

엘리트 선수는 나쁜 생각과의 싸움에서 먼저 이긴다. 독특한 방식으로 마인드 컨트롤을 하는 엘리트 선수가 많다. 신앙심으로 부정적인 생각을 다스리기도 한다. 나쁜 생각을 극복하고 좋은 생각을 만드는 엘리트 선수들의 독특한 방법을 살펴본다.

생각 버리기 프로골퍼 최경주 최경주 프로는 바쁜 대회 스케줄이 있어도 교회 가는 것을 빠뜨리지 않을 정도로 신앙심이 깊다. 종교를 갖고 있는 덕분에 실제로 받는 불안감이 50~60퍼센트로 줄었다고 말한다. 골퍼로서 신체적인 것에 비해 정신적인 것이 더 힘들다는 것을 잘 알고 있다.

그가 시합 중에 사용하는 생각법은 독특하다. 불확실한 상황을 만들지 않기 위해 모든 결정을 시합 전날 내려 두었다. 시합을 이미 이겨 놓고 하는 것이나 마찬가지다.

> 나는 골프 생각을 안 한다. 코스 매니지먼트에 대한 수읽기는 경기 시작 전에 모두 끝낸다. 시합 중에 그걸 생각하면 에너지만 소모하는 셈이다. 대신 성경 구절을 외며 걷는다. 골프에 대한 생각을 버리기 위해서다.
>
> \- 최경주(2010, 프로골퍼)

그는 외우지 못한 구절은 쪽지에 적어 두고 읽으면서 걷는다고 한다. 성경 내용 중에 '마음을 강하게 하고 담대하라. 두려워하지 말라. 내가 너와 함께하겠다'라는 구절에서 큰 도움을 얻는다고 한다. 이 구절은 골프를 어떻게 치라고 말하지 않는다. 오직 마음에 대해서만 말한다. 힘든 것은 몸을 이기는 것이 아니라 마음을 다스리는 것이라는 뜻이다.

진 시합에서도 자신감을 찾는 볼턴 이청용 한국은 2010년 남아공 월드컵 본선에서 우승후보 아르헨티나에 큰 점수 차로 패하고 말았다. 기대는 했지만 기량 차이만 실감하게 해준 시합이었다. 시합에서 패하면 선수들은 고개를 떨어뜨리지만 이청용 선수는 달랐다. 그는 패한 경기에서조차 자신감 요인을 찾고 있었다.

> 오늘 가장 아쉬웠던 부분은 처음부터 너무 수비 위주로 경기를 풀어나간 점이었다. 좀 더 많은 공격을 펼치지 못한 것이 아쉽다. 후반에 강하게 밀어붙였더니 아르헨티나도 힘들어했다.
>
> \- 이청용(2010, 축구선수)

일이 잘되었을 때 자신감을 표현하는 것은 쉽다. 하지만 패한 경기에서 자신감을 드러낼 수 있어야 꾸준히 성장할 수 있다. 이청용 선수는 경기에서 팀이 패했을 때 진한 아쉬움을 드러냈다. 창피하거나 죄책감이 아니라 당당함으로 말이다. 아쉬움 속에서는 의욕과 자신감이 살아나게 마련이다.

이기거나 패하거나 상관없이 나 자신은 소중하다. 그리고 시합은 끝났다. 하지만 축구는 계속되어야 한다. 패한 경기에서 아쉬움을 느끼고 자신감 요인을 찾는다면 다음 훈련과 시합에 임하는 자세가 남다를 것이다. 패한 경기에서조차 자신감 요인을 찾는 이청용, 생각의 힘이 돋보인다.

FC서울의 심리준비 매뉴얼 2007년 프로축구 FC서울의 감독을 맡은 터키 출신의 귀네슈 감독은 나를 찾았다. 스포츠심리학자가 프로 팀에서 일하는 것은 처음 있는 일이었다. 선수들의 정신력을 경기력의 일부로 보겠다는 의지의 표현이기도 했다.

심리 강의를 듣고 상담을 자연스럽게 받아들이자 팀의 응집력이 살아났다. 실수를 한 선수에게 책임을 돌리는 습관은 사라졌다. '잘했다. 한 번만 다시 그렇게 해 주면 마무리는 내가 하겠다'는 의미로 손뼉을 쳐주고 엄지를 치켜세우는 행동이 눈에 띄게 늘었다. 선수들은 기분 좋게 훈련과 시합에 빠져들었다.

칭찬과 격려가 살아나고, 벤치와 함께하는 골 세리머니까지 만들어지자 코칭 스태프와 선수는 하나가 되었다. 응집력이 살아나자 12경기 무패 기록을 세우기도 했다. 먼저 실점해도 이길 수 있다는 자신감이 넘쳤다. 한 선수는 "상대에게 한 점을 먼저 내줘야 오히려 자신감이 생겨요"라는 말을 하기도 했다. 선수들이 심리 강의 내용을 그라운드에서 직접 실행하면서 생겨난 긍정적인 변화였다.

FC선수들은 시합 전날 '심리준비 매뉴얼'을 받아들고 숙소로 갔다. 매뉴얼에는 시합 중에 지켜야 할 긍정적인 생각과 행동이 적혀 있었다. 지고 있을 때, 비기고 있을 때, 이기고 있을 때, 부정적 생각이 들 때, 벤치 대기 중일 때, 골을 넣었을 때로 구분해서 지켜야 할 행동수칙이 정해져 있었다. 지고 있을 때에는 '집중하자, 차분하자, 기회는 온다', 혹은 '안전 수비, 빠른 역습'이 매뉴얼의 주된 내용이었다.

시합 전날 불안감으로 선수들의 생각은 사방으로 흩어질 수 있다. 어떤 선수는 실수 걱정으로 잠을 못 이룰 수도 있다. 심리준비 매뉴얼은 모든 선수가 똑같이 좋은 생각을 하고 하나로 뭉치게 해줬다. 선수 모두가 똑같은 꿈을 꾼 것이다. 개인의 자신감과 더불어 팀이 시합에서 좋은 성과를 낼 수 있는 능력을 갖고 있다고 선수 모두가 믿는 팀 자신감team confidence을 높이도록 좋은 생각을 이끌어내는 역할을 했다.

머리 뚜껑을 여닫는 프로골프 우승자 나쁜 생각이 시작되면 멈추기가 쉽지 않다. 한 가지 나쁜 생각은 꼬리를 물고 다른 생각으로 이어지기도 한다. 나쁜 생각은 괴상한 모습으로 점프하면서 변신하기도 한다. 마음 다스리기가 쉽지 않다.

마치 필요 없는 글자를 백스페이스 키로 아무 때나 지우는 것처럼 나쁜 생각을 다룰 수 있다면 마음이 한결 편해질 것이다. 프로골퍼 K선수는 나쁜 생각을 자유자재로 다룬다. 압박감이 드는 시합 상황에서도 도움이 안 되는 나쁜 생각이라고 생각되면 '머리 뚜껑을 열고' 날려버린다. 그냥 휙 하면 끝난다.

아무 때나 불쑥 생겨난 나쁜 생각이니 아무 때나 확 날려버리면 된다. 내가 머릿속에서 만든 것이니 내가 그냥 지우면 된다. 나쁜 생각이 들면 그냥 머리 뚜껑을 열고 휙 날려버리면 되는 걸 왜 그렇게 어렵게 생각했을까.

화가 잔뜩 난 아이에게 직접 실험을 해봤다. 아파트 베란다로 나가 창문을 열고 머릿속에 가득 찬 나쁜 생각을 밖으로 휙 던져버리라고 요청했다. 그리고 그 생각이 들어오지 못하도록 재빨리 창을 닫았다. 아이는 신기하게도 나쁜 생각이 더 이상 들지 않는다고 했다. 조금 전까지 화를 냈다는 사실을 잊어버린 듯 일상으로 돌아와 있었다.

표적을 마음에 품는 국가대표 사격선수 김미진 심리적인 안정과 고도의 집중력이 요구되는 사격은 다른 종목에 비해 생각법이 더 중요한 것 같다. 총을 조준하는 순간부터 격발이 이루어질 때까지 머릿속에서는 수많은 생각이 떠오를 것이다. 실패를 예견하는 생각에 압도되면 압박감으로 인해 리듬이 깨진다는 것을 예상할 수 있다.

국가대표 사격선수 김미진의 생각법은 긍정의 태도로 가득 차 있다. 그녀는 표적을 놓치면 다시는 생각하지 않는다. 지나간 과거는 아무리 애를 써도 되돌리지 못한다는 교훈을 실천한다. “점수는 되돌릴 수 없으니까요. 그래서 점수를 잃었다는 생각은 안 해요”라며 긍정의 관점을 유지한다.

그녀는 매 시합을 마지막 시합이라고 생각한다. 어떤 시합이든 그녀에게 마지막 시합인 이유가 합당하다. “같은 날 같은 시간에 시합 자체를 반복할 수 없으니 매번 마지막 시합을 하는 것이지요"라고 말한다. 한 발씩 격발할 때도 마지막 발이라고 생각할 것이다.

공중으로 쏘아 올려진 2개의 표적을 쏘아 맞히는 사격 종목인 더블 트랩Double Trap이 주 종목인 그녀는 표적을 쫓아가기보다는 표적을 마음으로 받아들인다고 생각한다. 표적을 쫓아가다 보면 서두르게 되고 압박감만 커질 것이다. 마음으로 표적을 받아들인다고 생각하면 여유가 생겨 격발 리듬을 살리기에 좋을 것이다. 생각하기에 따라 예측할 수 없이 공중으로 날아가는 표적도 마음에 품을 수 있다. 마침내 그녀는 2014년 인천 아시안게임에서 세계신기록으로 금메달을 목에 걸었고, 그녀의 도전은 계속되고 있다.

04
실전 대비 트레이닝

연습의 목적은 부족한 점을 보완하는 데 있다.
실전의 목적은 압박감 속에서 실력을 극대화하는 것이다.
연습과 실전은 그 목적이 다르다. 단순한 연습이 최고를 만드는 것이 아니다.
실전에 강한 연습을 해야 최고가 될 수 있다.

연습의 함정

시합을 대비하는 선수, 시험을 준비하는 수험생, 외국어를 공부하는 학생, 전투를 대비하는 군인, 매번 성과를 이루어야 하는 직장인이 자주 빠지는 함정이 있다. 바로 연습의 함정이다. 연습은 익숙한 환경에서 편안한 마음으로 부담감 없이 준비하는 것을 말한다. 연습은 매일 반복된다. 그래서 투자하는 시간도 아주 많다. 운동선수는 거의 날마다 연습한다. 수험생은 시험을 위해, 군인은 전투를 위해 거의 매일 연습을 한다.

우리나라 운동선수의 연습량은 주당 30시간이 넘는다. 세계 최고 수준이다. 만약 연습량이 경기력을 결정한다면 양궁, 야구뿐만 아니라 모든 종목에서 올림픽 금메달을 획득해야 마땅하다. 전 종목 세계 1위는 당연한데 실제로는 그렇지 못하다. 이는 아마 연습의 함정에 빠져 있기 때문일 것이다.

운동선수의 시합, 수험생과 학생의 시험, 군인의 전투, 직장인의 프로젝트 등은 실전이라 할 수 있다. 실전에 소요되는 시간은 연습에 비하면 1퍼센트도 안 된다. 하지만 실전의 결과는 중대한 의미를 지닌다. 시합, 시험, 외국어로 의사소통, 군인의 전투, 직장인의 프로젝트는 모두 중대한 사안이다. 실패하면 큰일이다.

연습과 실전 상황을 비교하면 연습의 함정이 무엇인지 확실해진다. 평소에 연습할 때는 익숙한 환경에서 편안한 마음으로 임한다. 실수나 실패에 대한 부담감이나 압박감은 그다지 크지 않다. 실전 상황(다음 표의 우측)과 비교하면 극단적으로 차이가 난다. 실전은 낯선 상황에서 부담감이 매우 높다. 승패가 분명하게 결정되고 방해요인도 많다. 두 상황의 유사성은 제로(0)에 가깝다. 심리적 부담

연습과 실전의 특성 비교

구분	연습(프랙티스)	실전	유사성
환경	익숙한 장소	낯선 장소	×
주변 인물	친근한 동료	긴장 주는 상대	×
부담감	낮음	높음	×
승패	승패 없음	승패 뚜렷함	×
집중	방해요인 거의 없음	방해요인 많음	×
관중	관중 없음	관중, 미디어 있음	×
소요시간	많음	짧음	×
평가우려	낮음	높음	×
목적	부족한 점 보완	실력 극대화	×

감과 환경 조건에서 차이가 너무 크다. 조건이 다르면 전이transfer 효과가 낮다는 것은 잘 알려진 법칙이다.

그런데 실전을 생각하지 않고 책상에 오래 앉아 있는 외국어 공부법이 어떤 결과를 가져왔는가? 몇 년간 외국어 공부를 하고도 외국인과 의사소통을 제대로 못하는 경우가 많다. 군대의 훈련도 마찬가지일 것이다. 운동선수도 연습 때는 잘했는데 막상 시합에서 제 실력을 발휘하지 못하는 경우가 많다. 연습에만 의존하고 실전 때 잘될 것이라고 기대한다면 중대한 실수를 범하기 쉽다. 막상 실전 상황이 닥치면 기대한 만큼의 실력이 나오지 않고 좌절을 겪기도 쉽다.

연습의 목적은 부족한 점을 보완하는 데 있다. 실전의 목적은 압박감 속에서 실력을 극대화하는 것이다. 연습과 실전은 그 목적이 다르다. 단순한 연습이 최고를 만드는 것이 아니다. 실전에 강한 연습을 해야 최고가 될 수 있다.

실전형 인간이 되는 법 여자축구의 '살아 있는 전설'로 인정받는 미아 햄은 명언을 남겼다. "프랙티스practice와 트레이닝training은 다르다. 프랙티스는 자신에게 부족한 동작을 숙달하는 것을 말한다. 트레이닝을 할 때는 집중력과 긴장감이 최고조에 달한다." 프랙티스와 트레이닝을 분명하게 구분했다.

운동선수의 연습, 학생들의 외국어 학습과 시험공부, 군인의 훈련, 공무원의 직무수행, 직장인의 일과를 들여다보면 프랙티스와 트레이닝을 구분하지 않는다는 생각이 든다. 편안한 장소, 편안한 동료, 편안한 환경에서 편한 절차에 따라 일상화된 내용을 반복하는 것은 실전이 아닌 연습에 해당하기 때문이다.

연습은 자신에게 부족한 점을 보완하기 위해 반복 숙달하는 것으로만 생각해야 한다. 실전을 준비하는 트레이닝과는 구분해야 한다.

물론 실전에서 느끼는 압박감을 고려하지 않고 하는 연습이 도움이 되기도 한다. 하지만 이런 연습만으로 실전에 대비가 되었다고 생각하면 곤란하다. 영업을 한다는 사람이 직장 동료들 앞에서만 말을 잘하고 고객 앞에서 제대로 말을 못하고 우물거린다면 어떻게 되겠는가. 실전은 언제나 낯선 환경에서 긴장감과 압박감 속에서 진행된다는 점을 명심해야 한다.

실수에 대한 부담감도 감수해야 한다. 실전에서는 연습 때는 겪지 못한 인지적, 정서적 반응도 나타나기 때문이다. 연습 때와는 다른 심리적 부담이 작용한다. 실전의 압박감을 고려하지 않고 연습하면 '연습형'에 머무른다. 연습량을 더 늘렸는데 실전에서 제 실력이 나오지 않고 오히려 더 불안해질 수 있다. 연습의 악순환에 빠지는 것이다.

악순환의 고리를 끊으려면 미아 햄과 같은 프랙티스와 트레이닝을 구분하는 실전형 멘털을 배워야 한다. 연습시간에도 따로 실전

트레이닝과 실전의 유사성

구분	트레이닝	실전	유사성
환경	실전 상황 가상	낯선 장소	○
주변 인물	동료를 상대로 간주	긴장 주는 상대	○
부담감	높음	높음	○
승패	승패의 구분	승패 뚜렷함	○
집중	방해요인 가상	방해요인 많음	○
관중	관중 가상	관중 많음	○
소요시간	의도적 할당	짧음	○
평가우려	평가부담 높음	평가부담 높음	○
목적	실전을 미리 준비	실력 극대화	○

을 위한 트레이닝 시간을 가져야 한다. 실전에서 느끼는 것과 동일한 긴장감, 압박감, 두려움을 살린 상태에서 실전에 필요한 준비를 하는 시간이 연습시간에 들어 있어야 한다.

일단 자신이 연습형인지 실전형인지를 먼저 알아볼 수 있다. 만약 프랙티스 비중이 100퍼센트에 가깝고, 트레이닝 비중이 거의 0퍼센트라면 연습형이다. 이는 노력은 많이 하지만 아쉽게도 실전에서 제 실력을 발휘하지 못할 가능성이 높은 사람이다. 이런 사람들이 거의 단어 공부, 문법 공부, 해석 공부를 많이 하고도 외국인과 의사소통을 제대로 못하는 단계에 머무른다. 안타까운 일이다. 실전에 약할수록 자신에게 필요한 트레이닝 비중을 늘릴 필요가 있다.

만약 '지금 배운 이 단어를 이용해 외국인과 중요한 협상을 한다'는 마음으로 단어를 익힌다면 이는 실전형 학습이다. 단어의 뜻과 철자를 무작정 반복 해석해 익히는 것과는 실전에서 큰 차이가 난다. 운동장에서 혼자 드리블을 하면서도 실전 상황에서 상대의 움직임을 떠올린다면 실전형 선수다. 타자를 이미지로 떠올리고 제구력을 갈고닦는 투수가 있다면 역시 실전형이다. 야간사격의 표적을 적군이라고 생각하고 사격술을 연마한 군인은 실전형이다. 같은 노력을 하고도 실전에서 탁월한 성과를 발휘하는 사람은 실전을 떠올리며 준비했을 것이다.

연습과 트레이닝의 비율을 70대 30으로 하겠다는 목표를 세우는 것도 실전형으로 가는 첫걸음이다. 연습은 자신의 약점을 보완하기 위해 편안한 상태에서 반복 숙달하는 것에만 한정하자. 트레이닝은 실전에서 어떻게 할 것인가를 미리 준비하는 과정이다. 일단 트레이닝이 시작되면 눈빛이 달라지고 긴장감이 고조된다. 실전에서와 똑같은 감정과 생각을 떠올리고 실전에서 어떻게 할 것인지를 준비한다. 실전에서 성공하려면 연습만으로는 충분하지 않다.

프랙티스가 아닌,
트레이닝을 하라

시합이란 그 전날 이미 이겨 놓고 하는 것이다. 이는 이미지가 갖는 창조 능력을 뒷받침하는 말이다.

"이번 아시안게임에서 설마 본인이 금메달을 딸 거라고는 생각하지 못했겠군요"라는 기자의 질문에 2010년 광저우 아시안게임 멀리뛰기 금메달리스트 정순옥 선수는 이렇게 말했다. "저는 시상식 때 입을 단체복을 곱게 개어 따로 준비했어요. 시합 전 우리 스태프에게 '나중에 갈아입어야 하니 잘 들고 있어'라며 맡기기까지 했으니까요. 1등 할 거라고 생각하지 않았다면 제가 그렇게 하지 않았을 거예요."

시합이란 그 전날 이미 이겨 놓고 하는 것이다. 금메달을 목에 걸고 시상대에 오르는 그 순간의 이미지. 이 같은 이미지를 이용하면 미래로 가서 성공을 체험할 수 있다. 물론 컨디션 조절도 잘해야 하지만 시합에서 승리하는 이미지를 먼저 떠올린 후 시합에 임할 수 있어야 한다.

중요한 시합 전날 시상식에서 입을 단체복을 따로 준비해 놓는 것, 골 넣고 보여줄 세리머니를 미리 정해 두는 것, 달력에 '인생역전'이라고 써 놓는 것, 야구모자 안쪽에 '난 이미 금메달'이라고 적어두는 것 등은 이미지로 미래의 성공을 미리 체험하는 좋은 방법이다.

이미지는 대체로 현실로 이어진다. 좋은 장면을 머릿속에 그리면 저절로 웃음이 나오고, 몸도 편안해진다. 반면 나쁜 장면을 생각하면 몸이 굳어지고 표정도 일그러진다. 이미지의 내용과 신경생리적 측면이 즉각 연결되기 때문이다. 잘 익은 빨간 사과를 떠올리면 신맛과 단맛이 떠오르면서 입에서 침이 돌지 않는가.

전문적인 심리훈련을 받은 한 여자 골퍼의 프리샷 루틴 속에는 '3D 상상'이라는 것이 있다. 프리샷 루틴은 공을 치기 전까지 일정하게 지키는 생각과 행동의 절차다. 골퍼는 이 순서를 지키면 최적의 결과를 가져올 수 있다고 믿고 실천한다.

이미지를 그릴 때 '3D 상상'이란 부분이 흥미롭다. 이는 공이 목표 지점으로 날아가는 궤적을 3차원으로 생생하게 그린다는 의미다. 공의 낙하 지점만을 상상하는 것을 2차원적이라고 본다면, 공이 지면을 떠나 공간에 궤적을 그리며 비행하다 목표 지점에 떨어져 굴러가는 장면은 3차원적이다. 카메라가 움직이며 잡은 장면을 머릿속으로 그리는 것에 비유할 수 있겠다.

이 골퍼는 심리훈련을 받기 전에는 '대충 루틴'을 갖고 있었다. 가끔 지키기도 하지만 압박감이 커지면 지키지 못하는 수준의 루틴이었다. 그러나 이제는 어떤 조건에서도 최적의 조건을 만들어 낼 수 있는 강력한 루틴을 만들었다. 그것의 핵심은 3D 상상이라고 말한다. 이 골퍼는 3D 상상을 하는 데 특별히 어려움이 없다고 했다. 이제는 정신이 흐트러지지도 않는다고 했다. 3D로 상상하고 그 상상에 맡겨 볼을 치는 것의 효과는 신속히 나타났다. 긴장과 압박감이 없어진 것은 물론이다. 표정도 한결 밝아졌다.

상상에 맡겨 볼을 친다는 것. 3D로 상상한 것을 몸으로 그대로 실현하겠다는 뜻이다. 상상은 동작을 끌어주고 몸은 상상 속으로 빨려 들어간다. 무엇이든 계획한 대로 실천하기 위해 자신의 행동을 먼저 3D로 상상해보는 것은 상당히 효과적인 방법이다. 생각 없이 행동하는 것과 먼저 생각하고 행동하는 것에 왜 큰 차이가 있는지를 깊이 생각하게 하는 방법이다.

연습용 선수, 실전용 선수 시합이 다가오면 잘할 수 있을지 괜히 불안하다는 반응이 나온다. 그 시합을 바로 오늘로 끌어 와 할 수 있을까? 실전 이미지 트레이닝을 하면 가능하다. 실전과 같은 긴장감과 압박감을 느끼며 훈련하는 과정인 트레이닝training이란, 시합에서 어떻게 할 것인지를 미리 준비하는 것을 말한다. 또 시합에서는 훈련 때 미리 준비했던 것을 그대로 하는 것이다.

트레이닝은 실전 상황을 예상하고 실전과 관련지어 준비하는 과정이다. 긴장감이 넘치고 압박감이 있어야 한다.

반면 실수에 대한 부담이 낮고, 시합에서 겪는 긴장감과 압박감을 고려하지 않는 연습 방법인 프랙티스practice는 부족한 측면을 반복해 숙달하는 과정을 말한다. 편안한 마음으로 익숙한 환경에서 실수 걱정을 하지 않고 기술의 완성도를 높이기 위해 동작을 반복하는 과정이다.

시합이 갖는 여러 특성을 보면 프랙티스 상황과는 거리가 한참 멀다. 시합은 압박감과 실수 부담감이 높은 상황에서 진행되지만 프랙티스는 편안한 느낌으로 익숙한 장소에서 실수 부담을 갖지 않고 이루어지는 경우가 많다.

만약 이런 프랙티스에만 치중하다 시합에 나가면 제 실력을 발휘하지 못하기도 한다. 트레이닝과 프랙티스를 구분해야 하고, 트레이닝 비중을 높여야 실전에 도움이 된다.

평소 연습할 때 실제 시합 상황에서 어떻게 할 것인가라는 마음가짐으로 트레이닝을 자주 할 필요가 있다. 익숙한 환경에서 긴장감을 느끼지 않고 반복하는 과정만을 거치면 연습형 선수가 되기 쉽다. 이미지를 이용해 실전과 같은 상황을 만들고 실전과 연관지어 실전을 준비하는 마음으로 연습하는 것이 필요하다.

축구 국가대표 조광래 감독은 프랙티스가 아닌 트레이닝의 중요

프랙티스와 트레이닝의 차이

항목	시합	프랙티스	트레이닝
목적	승리 추구	숙달과 보완	시합준비
정서체험	불안감	편안함	압박감
실수부담감	높음	낮음	높음
반복수행 여부	불가	반복수행 가능	불가(일부 가능)
집중 방해 요인	많음	익숙한 환경	방해 요인 가상

성을 강조하고 있다. 그는 어렸을 때 어떤 훈련을 하더라도 경기와 관련지어 실전을 하고 있다는 마음가짐을 가졌다고 한다.

게임(실전)과 연관시키지 않고 반복해 편안하게 연습하는 것은 도움이 안 된다고 말한다. 대신 이미지로 실전의 여러 상황을 가상하고 실전처럼 하라고 주장한다.

> 선수들에게 가장 답답한 것이 그것이에요. 예를 들어 피지컬 훈련을 하면 선수들은 게임과는 아무 상관없다는 듯이, 그냥 체력훈련을 한다는 의식만 하고 있어요. 내가 왜 이 동작을 하는지에 대해 궁금증이 없습니다. 훈련할 때 이것이 실전이라고 생각하고 여러 상황을 머릿속에 그리면서 한다면 똑같은 시간에 똑같은 훈련을 하더라도 더 빠른 성장을 가져올 것입니다.
>
> \- 조광래(KFA 리포트)

그는 학창시절 킥 연습을 하더라도 무작정 하는 것이 아니라 상대 선수의 움직임을 이미지로 가상하고 어떻게 대처할 것인지를 연습했다. 그것이 훨씬 더 도움이 된다는 것을 일찍 깨달았던 것이다. 진주고 동산에서 드리블 연습을 하고, 강당에서 패스 연습을 했지만 상대 선수의 움직임을 떠올리며 실전에서 어떻게 할 것인가를 준비했다. 상대 움직임을 머릿속으로 가상하고 하는 것과 그냥 볼만 보고 드리블하는 것은 큰 차이를 가져온다. 아직도 많은 선수가 프랙티스를 트레이닝과 구분하지 못해 아쉽기만 하다.

이는 실생활에서도 마찬가지다. 토익 리스닝 공부를 하는 학생이라면 태평하게 계속 반복 듣기만 하는 프랙티스만 할 것이 아니라, 정해진 시간 안에 정확히 질문지를 파악하고 동시에 제대로 들을 수 있는 트레이닝을 해야 하는 것이다. 단순하게 공부하기와 똑똑하게 공부하기의 차이로 볼 수 있다.

프랙티스가 아닌 트레이닝을 효과적으로 하는 방법으로는 실전 이미지 트레이닝을 추천한다. 연습을 하더라도 어느 순간 실전 상황의 이미지와 감각을 떠올려 '트레이닝' 모드로 바꾼다. 트레이닝의 목적은 프랙티스와는 다르다. 시합 때 어떻게 할 것인가를 준비하는 것이 목적이다. 그 순간부터 눈빛도 달라져야 한다. 시합 때 장면과 느낌을 그대로 살린 채 상대가 어떻게 나올 것인지를 가상하고 자신이 대처하는 방법을 실전처럼 준비하는 것이다.

국내 최강의 한 탁구단 선수들은 트레이닝 모드로 전환하는 자신만의 신호를 갖고 있다. 트레이닝을 프랙티스와 뚜렷하게 구별하는 신호다. 선수들은 트레이닝을 시작하는 신호로 심호흡, 가볍게 스텝 밟기, 네트 가까이에서 호흡 가다듬기, 신발 끈 다시 묶기, 작게 뛰면서 파이팅 외치기, 수건 개기, 테이블 닦고 수건으로 라켓 닦기, 눈빛을 살려 집중도 높이기와 같은 행동으로 자기 자신에게 신호를 보낸다. 코칭스태프는 선수들이 보내는 신호를 읽어 내고 격려를 보낸다. 프랙티스 모드가 트레이닝 모드로 바뀌면 날카로운 파이팅 소리가 커지고, 곧 실전 그대로의 분위기가 만들어지는 것이다.

음악, 연극, 무용 등 공연을 준비할 때도 실전 이미지 트레이닝 개념을 그대로 쓸 수 있다. 군대의 훈련, 의사나 교사의 수련 활동, 고객 대응, 시험이나 면접 준비, 대중 연설 준비에도 프랙티스와 트레이닝을 잘 구분해야 한다. 실전은 단 한 번뿐이지만 연습을 실전처럼 할 수 있다면 실전에서도 실수 없이 성공할 수 있다.

양궁선수의 실전 이미지 트레이닝

1979년 세계양궁선수권대회에서 김진호 선수는 5관왕에 올랐고, 이때부터 한국 양궁의 신화가 시작됐다. 그 후 30년 동안 한국 양궁은 신궁神弓의 지위를 놓치지 않고 있다. 한국 양궁이 세계 최강을 계속 유지한 배경에는 진화를 거듭한 실전 이미지 트레이닝이 있다.

태릉선수촌 음향 훈련 | 초창기 실전 이미지 트레이닝을 위해 태릉선수촌에 음향장치를 설치했다. 푸른 숲이 우거진 고요한 태릉에서 새소리를 들으며 활을 쏘는 것만으로는 실제 시합에서 나올 수 있는 여러 방해 요소를 극복하는 데 한계가 있다는 판단에서였다. 음향장치를 통해 활을 쏠 때마다 실제 시합에서 들을 수 있는 소리를 듣게 했다. 아나운서의 점수 안내 방송, 관중의 환호 소리를 들으며 훈련한 것이 초창기 실전 이미지 트레이닝의 모습이다.

관중 소음 극복 훈련 | 이후 실제 시합과 유사한 조건을 만들거나 인위적으로 가혹한 조건을 만들어 실전에 대비하는 훈련으로 발전했다. 양궁 국가대표팀은 미사리 경정장을 자주 찾았다. 경정장 관중은 다른 관중에 비해 거칠고 시끄러워 훈련 목적에 딱 맞았다. 관중의 대화까지 들릴 정도로 가까운 곳에 사대를 만들고 활을 쏘는 훈련을 했다. 실제 시합에서 겪는 방해 요인 중 하나인 관중의 소음에 대처하는 전략을 미리 만들기 위해서였다. 미사리 경정장뿐 아니라 잠실 야구장도 찾았다. 야구장 관중은 양궁장 관중에 비해 몇 배나 많다. 프로축구 경기가 진행된 울산 문수경기장에서도 비슷한 훈련을 했다.

가상 실전 훈련 | 2008년 베이징 올림픽을 앞두고 한 실전 이미지 트레

이닝은 또 한 번의 진화를 했다. 태릉선수촌 양궁장에 높이 6미터, 길이 42미터짜리 대형 실사 현수막을 설치했다. 경기가 열리는 베이징 양궁장의 관중석 모습을 그대로 담았다. 현수막 속의 관중, 심판, 보도진, 운영요원이 곧 튀어나올 듯 생생했다. 대형 스피커로 경기장 소리를 그대로 재현했다. 점수를 알려주는 아나운서의 목소리, 관중의 함성, 응원도구가 만들어내는 소음까지 음향 장치가 만들어졌다. 선수들은 태릉선수촌에서 훈련하면서 미리 베이징 경기장에 가 있는 것과 유사한 체험을 할 수 있었다. 실제 경기 때 일어날 수 있는 여러 상황을 가상하고 어떻게 대처할 것인지를 미리 숙달한 것이다.

예방적 적응 훈련 | 베이징 올림픽에서 중국 관중은 호루라기를 불고 함성을 질러 우리 선수들이 집중하는 것을 방해했다. 베이징 올림픽 이후 호루라기 소리에 흔들리지 않도록 하는 독특한 훈련이 국내에서 진행되었다. 크고 넓게 분산되는 관중 소리보다 짧고 강한 톤으로 나는 호루라기 소리가 선수들에게 익숙하지 않다는 판단 때문이었다. 양궁팀은 군부대를 찾아 총소리를 들으며 활을 쏘는 훈련을 했다. 총소리를 극복할 수 있는 집중력이라면 호루라기 소리는 문제가 안 될 것이기 때문이다. 이로써 양궁팀은 관중의 소음, 호루라기 소리 등 예상되는 집중력 방해 요소에 대한 대비책을 철저히 갖춘 것이다.

한국 양궁의 진화하는 실전 이미지 트레이닝은 양궁의 훈련교본에 포함될 만하다. 양궁에 스포츠과학을 접목한 장영술 감독의 노력이 금빛 화살을 쏟아냈다. '다른 별에서 온 팀'이라는 찬사를 들었던 이들의 훈련 비법은 세계에 널리 알릴 만하다.

가혹조건을 만들라

우주인과 비행기 조종사는 실전에서 실수하면 생명을 잃을 수 있다. 그래서 그들은 실전에서 완벽하게 성공할 수 있도록 특별한 훈련을 받는다. 이들의 훈련은 시뮬레이션 훈련simulation training으로 가득 차 있다. 시뮬레이션 훈련은 실전에서 일어날 수 있는 문제 상황을 가정하고 대응하는 훈련을 말한다. 우주정거장과 도킹하는 것을 250회까지 시뮬레이션으로 훈련하기도 한다. 실제를 가정한 철저한 훈련과 세밀한 준비 덕분에 실제 도킹 상황이 오히려 쉽다고 한다.

외국 팀으로 이적한 선수들은 국내에서와 달리 연습을 얼마 하지 않는다는 점에 놀란다. 훈련이 일단 시작되면 선수들의 눈빛과 태도가 돌변한다고 한다. 그들은 공식 훈련 때 프랙티스가 아닌 트레이닝을 한다. 실전에서 어떻게 할 것인지 준비한다. 실전에서 느끼는 부담감을 가능한 한 그대로 살리는 데 중점을 둔다. 프랙티스는 개인 연습의 몫이다.

연습이 최고를 만들지는 않는다. 실전에 강한 연습이 최고를 만든다. 지금까지 알려진 실전에 강한 최고의 연습법은 실전모의훈련이다. 우주인과 전투기 조종사를 키워냈다. 그것도 실전이 오히려 쉬울 정도로 완벽하게 준비를 시켰다.

시뮬레이션 훈련을 얼마나 하는가로 연습형과 실전형을 가를 수 있다. 실제 상황에서 겪는 심리적 부담을 느끼면서 성공하는 방법을 익히는 것이 시뮬레이션 훈련이다. 실전을 자주 해볼 수 있다면 좋겠지만 그렇지 못하지 않은가. 실전을 자주 할 수는 없지만 시뮬레이션 훈련은 얼마든지 할 수 있다.

스스로 가혹조건을 만드는가? 시뮬레이션 훈련을 하기 위해서는 준비와 노력이 필요하다. 편안함과 익숙함을 벗어던지고 실전이 진행되는 그 조건, 그 상황을 만들어야 한다. 주변환경을 가능한 한 실전처럼 만들면 좋다. 관중을 불러들이는 것이 좋지만 그럴 수 없다면 스피커를 통해 관중 소음을 틀 수 있다. 동료에게 상대 선수 역할을 부탁할 수 있다. 대형 실사 현수막을 내걸 수도 있다. 관중이 모여 있는 곳을 찾아가는 것도 가능하다.

시뮬레이션 훈련은 실전에서 나타날 수 있는 여러 어려운 상황을 의도적으로 만들고 어떻게 할 것인가를 미리 숙달하는 훈련이다. 실전 상황에서 체험하는 심리적 부담을 스스로 떠올려야 한다. 일어날 수 있는 모든 상황에서 성공하는 연습을 반복함으로써 어떤 조건도 이겨낼 수 있다는 자신감을 길러준다.

시뮬레이션 훈련을 할 때는 실제 상황과 같은 조건을 만드는데, 이미지를 활용하면 좋다. 이미지를 활용하면 미래에 일어날 수 있는 어떤 조건도 창조할 수 있다. 실제 상황과 똑같은 조건을 이미지로 만들고 실제처럼 연습할 수 있다. 이미지로 외국의 경기장도 갈 수 있다. 이미지로 비 오는 날, 바람 부는 날, 더운 날도 만들 수 있다. 지고 있는 상황, 막상막하인 상황, 명백한 오심 상황도 가정할 수 있다.

조직이나 팀에서 시뮬레이션 훈련이 성공하기 위해서는 리더의 역할이 중요하다. 리더는 먼저 실제 상황에서 일어날 수 있는 조건을 리스트로 만든다. 실전에서 빈틈이 없게 하기 위해서다. 다음으로 실전보다 더 가혹한 조건으로 설계한다.

육상 경기를 예로 들면 실전에서 5분간 시합이 진행된다면 실전 모의훈련으로는 5분 시합을 2회 연속 성공시키는 식이다. 100미터 달리기를 위해 105미터를 달리는 훈련을 할 수 있다. 체조 연기에서 마지막 루틴은 1회지만 2회를 연속 성공시키고 착지하게 할 수 있다. 과외 선생님이 학생을 가르친다면 실제 시험에서 50분간 40문제를 푼다면 시뮬레이션 훈련에선 학생에게 50문제를 풀게 한다.

가혹조건을 만들어 반복하면 실전은 오히려 쉽다. '고된 훈련 덕분에 시합이 쉬웠다'고 말하는 챔피언이 많다. 실전에서 일어날 수 있는 모든 상황에 대해 철저하게 준비했고 실전은 준비한 범위에서 진행되었을 것이다.

책상에 오래 앉아 있는 학생이 많다. 실전을 가상하고 실전에서 나올 수 있는 가혹조건을 스스로 만드는 공부를 하는지 돌아볼 일이다. 외국어를 공부할 때도 실전 상황을 만들어 공부하는 것이 좋다. 에펠탑 사진을 붙여두고 배낭여행을 가서 실제로 프랑스인과 대화하는 자신을 떠올려보자. 문제 하나를 풀 때도 시험장에서 이 문제를 만나 고민하는 순간을 상상하며 긴장 속에서 답을 찾아보자. 가혹조건을 만드는 것은 전적으로 자신이 통제할 수 있는 일이다.

배드민턴에서 배우는 가혹조건 훈련법

캐나다 오타와대학교의 테리 올릭Terry Orlick 교수는 가혹조건을 가상한 시뮬레이션 훈련 덕분에 인도네시아가 배드민턴에서 세계 최고를 장기간 유지했다고 분석했다. 그는 인도네시아 배드민턴팀의 훈련을 참관했고, 선수와 지도자를 만나 그들만의 시뮬레이션 훈련 노하우를 찾아냈다. 인도네시아 대표팀은 지고 있는 상황, 심판의 오심, 경기장의 무더위, 관중 소음, 장신의 유럽 선수와의 대결 등 실전에서 일어날 수 있는 많은 상황을 가정한 시뮬레이션 훈련을 거쳤다.

상대를 파악하라 인도네시아 대표선수들은 시합에서 상대할 선수의 장점과 약점, 경기 스타일, 기술적인 특징 등 상대 선수에 관한 모든 것을 미리 파악했다. 상대 선수의 경기를 비디오로 분석했고,

그 선수와 시합했던 동료로부터 조언도 얻었다. 선수들은 상대 선수가 어떤 전략을 쓰는지 실제 시합을 하기 몇 개월 전에 알고 대비하는 방법을 훈련했다.

우선 동료 선수가 상대 선수의 스타일로 롤 플레이를 하는 시뮬레이션 훈련을 했다. 선수들은 셔틀콕이 어느 방향으로 올 것인지 알고 있었고, 리턴을 어떻게 할 것인지도 준비했다. 실제 시합에 앞서 상대 선수의 전략을 예측하고 어디로 셔틀콕을 보내야 하는지 모두 준비되어 있었다.

배드민턴은 반응시간의 싸움이다. 여러 조건을 분석해 셔틀콕의 예상 위치를 판단하는 것이 중요하다. 인도네시아 선수들은 롤 플레잉을 통해 셔틀콕에 대한 예측력을 높이며 반응 속도와 순간 포착능력을 키울 수 있었다. 시합을 하기도 전에 이미 상대의 샷을 예측해 두었고, 자신의 전략을 충분히 연습해 두었다.

언제라도 상황은 역전될 수 있다 인도네시아 대표선수들은 지고 있는 상황에서도 결국 역전시키는 시뮬레이션 훈련을 반복했다. 예를 들면, 강한 선수와 약한 선수가 시합하는데 약한 선수가 14점, 강한 선수가 3점인 상황을 가정했다. 강한 선수는 역전시켜야 했고, 앞서 있는 약한 선수는 1점을 추가해 승리하는 것이 목적이었다. 1점만 남겨둔 상황에서 약한 선수가 먼저 서브를 넣고, 강한 선수는 한 점씩 따라와 결국 역전 승리를 하는 연습을 반복했다.

이런 훈련 덕분에 인도네시아 선수들은 국제대회에서 지고 있는 상황에서 예외 없이 역전시켰다고 한다. 이들은 뒤지고 있어도 결코 자신감이 흔들리지 않았다. 뒤진 상황에서 역전하는 실전모의 훈련을 무수히 반복한 결과 이들은 뒤져 있더라도 결국 승리한다는 것을 알고 있었다.

오심에 흔들리지 말라 심판이 오심을 할 경우 심리적으로 동요하지 않는 훈련도 별도로 했다. 선수들에게 훈련의 의도를 설명하고 연습경기와 시범경기에서 심판이 고의적으로 연속 오심을 하도록 했다. 이때 선수들은 판정 결과를 바로 잊고, 다음 샷을 준비하는 훈련을 했다. 심판의 판정은 자신의 통제 범위 밖에 있는 것이고, 다음 샷을 준비하는 것은 통제 범위 안에 있는 것이므로 통제 범위 안에 있는 것에 집중하는 훈련이라 할 수 있다.

이런 훈련의 결과 인도네시아 대표선수들은 심판의 애매한 판정이나 명백한 오심이 있어도 감정적으로 동요하지 않았다. 심지어 지나간 판정은 다시 쳐다보지도 않았다고 한다.

환경에 익숙해져라 대회가 열리는 기간의 30도가 넘는 무더위에 대비하기 위해 선수들은 고온 적응 실전모의훈련을 했다. 당시 경기장에는 에어컨이 없었고, 경기장 조명과 방송 조명이 열기를 내뿜었다고 한다. 또 1만 명 이상의 열광적 관중이 쏟아내는 열기도 실내온도를 더 덥혔다. 셔틀콕이 바람의 영향을 받을 수 있어 창문은 모두 닫아야만 했다.

이런 상황에서 시합을 하기 위해 선수들은 2주 전부터 대회 때와 비슷한 고온다습한 환경을 만들고 시범경기를 했다. 시범경기는 실제 시합과 동일한 시간대에 동일한 온도 조건에서 비슷한 규모의 관중이 있는 상황에서 진행되도록 했다. 시범경기지만 관중도 불러들였다. 시범경기를 위해 경기장에 들어가는 선수들은 실제 경기장에 들어갈 때의 느낌이 어떠할 것인지 미리 대비할 수 있었다.

소음에 초연해져라 인도네시아에서 배드민턴 경기를 참관하면 관중의 소음으로 귀가 먹을 정도라고 한다. 배드민턴 경기가 관중의 도박과 연계되어 있기 때문이다. 배드민턴 대회에 광적으로 응원하는 관중이 1만 명 이상 모이기도 한다. 그래서 열광적으로 응원하는 관중의 소음에 주의를 빼앗기지 않는 훈련도 포함되어 있다.

실제 대회를 앞두고 시범경기를 통해 실전모의훈련을 하는데, 무료 티켓을 배포해 관중을 모은다. 관중 앞에서 하는 시범경기의 목적은 심리적으로 완벽하게 실전을 준비하는 것이다. 시범경기에서 대표선수들은 실제 시합보다 더 가혹한 조건을 만들었다. 실제 시합에서 예상되는 것보다 더 오래 시합을 하게 했다. 실전에서 요구되는 것 이상으로 체력을 기르기 위한 목적이었다.

부담을 높여라 시범경기 때는 의도적으로 고부담 상황을 가정한 훈련도 진행되었다. 상대 선수에게는 모든 기술이 허용되지만 훈련하는 선수는 로브나 스매시 중에서 하나만 쓰게 하기도 했다. 또 포핸드나 백핸드 중에서 하나만 쓰게 하거나 수비만 허용하는 방식으로 집중력 부담을 높였다.

우수 선수 한 명이 두 명을 상대로 경기하게 해 스피드와 예측력을 키우는 방법도 동원되었다. 또 반사적인 리턴 능력을 키우고 빠르게 위치를 선정하는 능력을 기르기 위해 셔틀콕을 여러 개 사용하기도 했다. 이런 고부담 훈련을 통해 선수들은 빠른 움직임을 계속 유지하는 능력과 상대 선수를 지치게 만드는 전략을 익혔다.

복병에 대비하라 유럽의 키 큰 선수들이 배드민턴 국제대회에 등장하면서 인도네시아는 장신 선수에 대비하는 새로운 실전모의훈련을 개발했다. 이를 위해 코트의 한쪽을 다른 쪽보다 높게 만드는 공사를 했다. 비슷한 키의 선수더라도 높은 쪽 코트로 가면 유럽 선수와 비슷한 키가 되게 했다. 높은 쪽 코트의 키 큰 선수들을 상대하면서 장신 선수의 샷에 대비하는 능력과 자신감을 키울 수 있었다.

한편 이들은 실전에서 심리적, 전술적으로 유리한 고지를 점하기 위해 3가지 원칙을 실전모의훈련에서도 실천하고 있었다. 첫째, 이기고 있으면 절대로 셔틀콕을 바꾸지 말고, 연속 두 점을 놓치면 셔틀콕을 바꾼다. 둘째, 먹히는 서브와 샷은 계속 쓰고, 상대가 예측한 것 같을 때 변화를 준다. 셋째, 이기고 있을 때는 전략을 절대 바꾸지 않는다.

60대 40
연습법

평소 연습과 실전 때 실력 차이가 크게 나는 것을 걱정하는 선수와 부모가 많다. 하지만 어떤 선수라도 시합 때가 되면 많이 긴장하고 평소 연습 때와 다른 행동을 하기 쉽다. 심지어 연습 때 기량의 80퍼센트밖에 안 나오기도 한다. 수영, 사이클, 골프처럼 연습 환경과 실전 환경에 큰 차이가 없는 종목에서도 이런 일이 자주 있다.

연습 때는 아무 문제가 없다. "연습 때는 여유가 있어 잘된다. 공을 잡으면 훤히 다 보인다. 뒤쪽의 동료는 안 봐도 어디 있는지 안다. 내가 뭘 해야 할지 안다"고 말할 정도로 여유가 넘치기도 한다. 하지만 실전에서는 달라진다. 연습 때는 없었던 긴장감으로 정신을 차리기 어렵게 되기도 한다. "시합 때는 너무 빠르게 돌아가는 것 같아 어떤 상황인지도 잘 파악이 안 된다. 공을 잡기가 두렵고,

우리 팀이 잘 안 보인다"고 말한다. 패스가 오기도 전에 빼앗길 것 같다는 부정적인 생각이 든다. 연습 때는 전혀 겪지 않았던 매우 불쾌한 일이 일어난다. 몸이 굳어져 실수가 늘어난다.

연습과 실전을 다르게 하는 일은 수영이나 사이클 같은 환경이 안정된 종목에서도 나타난다. 연습한 수영장이나 시합하는 수영장이나 물리적 조건은 비슷하다. 사이클도 마찬가지다. 같은 곳에서 하는 것이나 마찬가지인데 실전에서 기록이 나빠지는 일이 발생한다면 연습은 시합의 기록을 좋게 하기는커녕 나쁘게 만든 역할을 하는 것과 같다. 너무나 억울한 일이 아닌가.

실전에서 마음껏 기량을 펼치기 위해서는 실전에서는 '이건 연습이다'라고 생각할 수 있어야 한다. 연습을 실전처럼, 실전을 연습처럼 생각하는 것이 관건이다. 연습 시 동료를 상대로 바꾸고, 심판, 관중도 이미지로 만든다. 실제 시합처럼 긴장감 속에서 선수 위치도 파악하고 패스도 성공시킨다.

프랙티스와 트레이닝의 비율이 100대 0이었다면 80대 20, 60대 40 등으로 비율을 바꿀 수 있어야 한다. 트레이닝을 위한 시간을 충분히 확보해야 실전에서 마음껏 기량을 펼칠 수 있기 때문이다.

예전에 프랙티스와 트레이닝의 비율이 100대 0이었던 중학교 축구선수에게 그 비율을 60대 40으로 바꾸는 목표를 정해준 적이 있다. 한 달도 되지 않는 짧은 기간에 놀라운 변화가 생겼다. 국내 축구재단이 주최하는 대회에서 베스트 11에 뽑혀 독일 유학생으로 선발된 것이었다. 그는 편안히 하는 연습을 60퍼센트, 시합의 긴장감으로 하는 연습을 40퍼센트 했다고 회고했다.

> 패싱 게임, 라인 패싱 연습을 할 때 '지금도 시합 때처럼 하고 시합 때는 지금처럼 하자'고 각오했어요. 연습 때 시합처럼 하자고 했더니 공을 더 많이 소유할 수 있었어요. 패싱도 더 잘 나갔고. 마음은 이번 시합 때 편했어요.
>
> - 중학교 축구선수(2009, 독일 축구연수)

그 선수의 부모도 놀라기는 마찬가지였다. 예전 시합 때와 비교하면 표정부터가 다르다고 했다. 팀이 2-0으로 지고 있는 상황에서 교체 투입되었는데 한 골을 넣고 다른 한 골을 도왔다. 10분을 남기고 결국 5-2 역전승으로 경기를 마쳤다고 한다.

TR-PR-TR 훈련법 한국 1위면 세계 1위인 분야가 몇 개 있다. 골프가 여기에 속한다. 골프에서 성공하기 위해 지금도 많은 어린 선수가 골프에 모든 것을 걸고 있다. 부모의 헌신도 눈물겹다. 이들은 새벽부터 저녁까지 10시간 이상 훈련한다. 훈련량은 세계 어느 나라 선수도 따라올 수 없다. 이대로라면 앞으로 수십 년간 골프는 한국 선수들이 주도할 것이 분명하다.

그런데 이들의 연습에는 허점이 많다. 거의 하루 종일 연습하는

TR-PR-TR 훈련법

오전

- 09:00~09:20

  연습장 도착해 간단한 스트레칭

- 9:20~10:00

  코스 기록지를 이용한 9홀 실전 이미지 훈련(TR1)

- 10:00~11:20

  샷 보완을 위한 프랙티스(PR)

- 11:20~12:00

  시합 상황을 가정한 샷 연속 성공 훈련(TR2)

TR1(실전 이미지 훈련)

연습장에서 이미지를 활용해 실제 시합처럼 샷을 하는 방법. 시합홀의 공략도에 샷의 방향을 기록한다.

TR2(연속 성공 훈련)

연습장에서 실제 시합을 이미지로 떠올려 샷을 연속 성공시키는 방법. 골프의 경우 10회에서 30회 연속 성공을 목표로 한다.

것이라 할 정도로 연습시간이 길다. 연습량이 많다고 실전에서 좋은 결과를 내는 것은 아니다. 그래서 나는 골퍼를 위해 'TR-PR-TR'이라는 훈련법을 제안했다. 이 방법을 따른 선수들은 연습시간을 보다 효율적으로 쓰는 데 도움이 된다는 반응을 보였다. 매일 하는 연습이 충실해지고, 시합을 보다 잘 대비하는 데도 좋다는 평가를 했다.

공부도 실전처럼 하라 실전에 강해야 하는 것은 비단 스포츠만이 아니다. 교사 임용시험의 경쟁률은 수십 대 일이다. 교사는 임용되면 60대 초반까지 고용이 보장되어 인기가 높다. 교사가 되기 위해서는 1차 시험부터 3차 시험까지 통과해야 교단에 설 수 있다. 재학생은 졸업과 동시에 합격하기가 힘들어 졸업 후에도 몇 년씩 준비하곤 한다. 시험은 반나절에 끝나지만 준비는 수년간 진행된다. 책상에서 시간만 보내는 것이 아닌 실전에 강한 공부법이 필요하다.

실전에 유독 강한 시험 준비법이 있다. 학교에서 수업을 듣거나 학원 강의를 수강할 때도 도움이 될 것이다. 실전에 강한 공부를 하는 사람들은 그냥 진도를 나가지 않는다.

'지금 보는 이 책은 시험 출제위원이 보는 책과 똑같다. 그들이 문제를 뽑기 위해 보는 책을 내가 지금 보고 있다'는 마음으로 공부한다. 출제위원이 시험문항 출제를 위해 같은 책을 보는 장면을 이미지로 떠올려 출제위원이 보는 페이지를 자신도 보고 있고, 페이지를 넘길 때 같이 넘기는 것이다. 문제가 어디서 어떻게 출제되는지 알기 위해서는 적당한 긴장과 집중을 유지해야 한다.

최근 교사 임용시험에 합격한 한 수험생은 이런 방식으로 평소에 공부했다. 그리고 시험 당일 문제를 풀 때 배경이 되는 전공 책의 페이지를 머리 한쪽에 떠올렸다고 한다. 평소에 출제위원이 보는 것과 같은 책을 본다는 마음으로 집중해 공부해 두었기 때문에 페이지 어느 쪽에 관련 도표가 있는지도 쉽게 떠올릴 수 있었다.

자신이 책에 메모한 내용도 생각해냈다. 도표 주변의 본문 내용에 하이라이트를 해둔 것도 이미지로 살렸다. 마치 태블릿 PC를 한쪽에 켜두고 화면을 넘기면서 시험 답안을 쓴 것이다.

배움에 목말라 하는 사람도 있지만 막연히 책상에 오래 앉아 있는 것이 공부가 된다고 생각하는 사람도 많은 것 같다. 지금 공부하는 것이 실제 시험에 그대로 출제된다고 하면 눈이 번쩍 뜨일 것이다. 수업 중에 시험에 나온다고 하면 졸다가도 일어나지 않는가. 지금 하는 공부가 바로 실전이라고 믿으면 집중력이 달라질 것이다. 실전에서 성공하는 공부법, 실전에서 성공하는 연습법은 따로 있다.

시뮬레이션 피칭 훈련

이 방법은 실전과 유사한 심리적 압박감을 느끼는 상황을 만드는 데 중점을 둔다. 연습장에 도착하자마자 간단한 스트레칭을 한 후에 바로 실전 이미지 훈련(TR)을 한다. 이를 위해 시합이 진행되는 코스를 미리 그려둔 기록지를 사용한다. 기록지에는 목표 방향이 표시되어 있다. 실제 시합의 느낌을 살려 시합처럼 샷을 보내고, 샷의 방향을 기록한다. 이미지로 실제 시합의 조건을 만드는 것이 중요하다. 시합에 나가서 몸이 안 풀릴 때의 느낌과 비슷해 좋다는 반응이 많다.

이것이 끝나면 편안한 마음으로 샷을 보완하는 프랙티스(PR)를 시작한다. 어떻게 하는지는 선수들이 너무 잘 안다. 프랙티스를 마치면 다시 실전을 가정한 연속 성공 훈련(TR)으로 마무리한다. 실전에서 필요한 샷을 10회에서 15회 '연속 성공'시키는 것이 목표다. 시합 때와 같은 심리적 부담감 속에서 동일한 샷을 연속 성공시키고 만족도를 표시한다. 시합에서는 한 번만 성공시키면 되지만 연속 10회 이상 성공시켜 자신감을 끌어올리는 것이 목적이다.

TR-PR-TR 훈련법을 따르면 실제 시합을 하기 전에 이미 수십, 수백 번 시합을 해볼 수 있다. 실제 시합 때 어느 수준이 될 것인지 예상하는 것도 가능하다. 프랙티스에만 의존하는 습관에서 프랙티스와 트레이닝 비율이 70대 30이나 60대 40로 바뀐다. 이 훈련법을 실천한 골퍼들은 "시합 때 이 수준을 그대로 유지하면 목표를 달성할 것 같다. 더 높일 필요가 없을 정도로 충분하다"고 자신감을 드러내기도 했다.

야구의 박찬호 선수는 텍사스 레인저스 시절 부상 등으로 인해 마이너리그 생활을 했다. 팬들로부터 비난과 질타가 넘쳐났지만 박찬호 선수는 재활훈련을 마치고 재기에 성공했다. 그는 전광판도 없는 열악한 마이너리그에서 고등학교 수준의 선수들과의 시합에서도 진지하게 공을 던졌다. 주변 사람들은 재기를 위한 몸부림이었다고 평가한다.

그 당시 비디오에 찍힌 박찬호 선수의 훈련 모습을 보면 실전모의훈련을 하고 있다는 것을 쉽게 알 수 있다. 동료 캐처와 단둘이 훈련하는 장면이었지만 그는 타석에 메이저리그 타자들을 하나씩 세웠을 것이다.

그들의 장점과 단점을 분석해 가장 유리한 피칭을 성공시키는 연습을 한 것이다. 박찬호는 마침내 재기에 성공하고 존경받는 선수로 우리 곁에 다시 왔다.

시합에서 자신의 능력을 20퍼센트도 발휘하지 못한다는 초등학교 야구선수도 시뮬레이션 피칭 훈련으로 자신감을 찾은 사례가 있다. 자신감을 갖고 던지면 타자가 손도 못 댈 정도인데 시합 때 투구 동작이 연습 때와 크게 달라지는 선수였다. 강하게 던지면 실수할까봐 의식적으로 약하게 던졌다. 시합 때 스트레스가 커 부모는 정신과 치료를 생각할 정도였다.

이 선수를 위해 실전모의 피칭 훈련을 설계했다. 다가오는 시합에서 투수 역할을 상상하고, 실제 시합에서와 똑같은 느낌으로 투구하는 연습을 하도록 시스템을 만들었다. 긴장감과 압박감을 느끼면서, 이미지로 상대 타자를 떠올리고, 투구 루틴을 철저히 지키면서 공을 던지는 연습을 하도록 주문했다. '나는 매일 시합한다'라는 생각을 하고 실제 시합 때와 같은 감정과 느낌을 갖도록 했다. 약 1개월이 지난 시점에 실제 시합에서 새로 배운 것을 잘 적용했고, 자신감을 회복했다.

"마운드에서 웃는 모습을 처음 봤다. 1사 만루 위기에 처했을 때도 웃었다. 두 타자 모두 삼진으로 잡았다. 두 주먹 쥐고 세리머니도 했다"며 마음고생을 했던 부모도 기뻐했다. 투수가 재미없다던 어린 선수는 실전모의 피칭 훈련을 통해 투수의 묘미를 알게 되었다고 했다.

05

성공을 습관으로 굳히는 트레이닝

루틴을 지키면 우선 중요한 동작 요소를 빠뜨리지 않고 체크할 수 있고,
상황이 달라져도 편안함을 지킬 수 있다.
또한 불확실성을 최소로 줄일 수 있고 생각, 느낌, 행동에서 일관성을 높일 수 있다.

성공을 가져오는 습관, 루틴

운동선수뿐만 아니라 작가나 화가도 일을 시작하기 위해 일정한 조건을 스스로 지킨다. 글쓰기에 관한 전문서를 집필한 미국 오리건대학교 명예교수인 해리 월콧Harry Walcott은 논문 글쓰기에 관한 저서에서 자신만의 글쓰기 루틴을 공개했다. 저명 학자의 글쓰기 루틴은 사적인 영역으로 쉽게 접하기 어려운 내용이다. 또 시합을 앞두고 선수들이 루틴을 지키는 것과 비교할 수 있었기에 이 사실은 꽤 흥미로웠다.

월콧 교수는 글쓰기 전에 비스킷과 치즈를 준비한다고 한다. 또 외부의 방해를 전혀 받지 않는 조건을 갖추기 위해 대학교 연구실보다는 집에서 글쓰기를 더 좋아한다. 집의 공부방은 북쪽으로 창이 나 있어 항상 일정한 빛이 들어오고, 멀리 나무와 언덕이 보여 좋다고 한다. 또 몇 걸음만 옮기면 서재에서 책을 쉽게 찾을 수 있어 최적의 집중 공간을 제공한다.

그는 글을 쓸 때 책상보다는 부엌의 식탁을 더 선호하는 독특한 습관이 있다. 또 특정 상표의 펜을 즐겨 쓰고, 줄이 쳐진 노란색 노트에 글을 쓴다. 식사를 위해 식탁을 치울 때만 빼놓고 계속 식탁에서 글을 쓴다. 부엌 식탁은 커피메이커와 비스킷을 쉽게 가져올 수 있어 글쓰기에 좋은 조건을 만들어준다고 한다.

월콧 교수는 글쓰기 직전에 가능한 한 많은 루틴을 만들라고 말한다. 루틴은 글쓰기를 시작하기 전에 몸과 정신을 최대로 편안하게 해준다. 의자와 책상 높이, 조명과 환기, 방 온도 같은 환경 조건도 중요하다. 아주 사소한 조건이지만 갖춰지지 않으면 중요한 일이 시작되지 않는다는 것을 그는 몸소 느낀 것 같다. 그는 글쓰기를 자주 하는 사람들이 글쓰기 시작을 위해 마지막으로 하는 행동도 언급하고 있다. 샤워하기, 연필 깎기, 청소기 돌리기, 다림질을 그 예로 들고 있다. 이런 행동은 글쓰기와는 전혀 관계가 없어 보이지만 중요한 일을 앞두고 신성한 마음으로 치르는 자신만의 의식 같은 것이다.

글쓰기, 공부하기 등 집중이 필요한 일을 시작하기 직전의 시간은 아주 소중하다. 준비를 어떻게 하느냐에 따라 중요한 일의 시작을 위한 조건이 결정된다. 공부하기, 글쓰기 등 집중이 요구되는 중요한 일을 시작하기 위해 최적의 조건을 만드는 당신의 루틴은 무엇인가?

신체 불안이 극에 달할 때 필요한 루틴

시합, 시험, 공연, 면접, 프레젠테이션. 사회생활을 하면서 우리는 무수한 긴장과 불안 상황에 직면한다. 모두 결과가 중대한 의미를 갖는 일들이다. 좋은 결과가 나오면 경제적, 정서적 보상이 주어지기도 하기에 시간과 노력을 투입해 철저히 준비한다.

하지만 준비를 많이 하고도 막상 실전에서는 긴장 때문에 실력을 발휘하지 못했다는 사람이 많다. 그 이유는 중요한 일을 앞두고 불안 수준이 급격히 높아지기 때문이다. 아래 그림을 보면 시합을 앞두고 불안이 어떻게 달라지는지 알 수 있다.

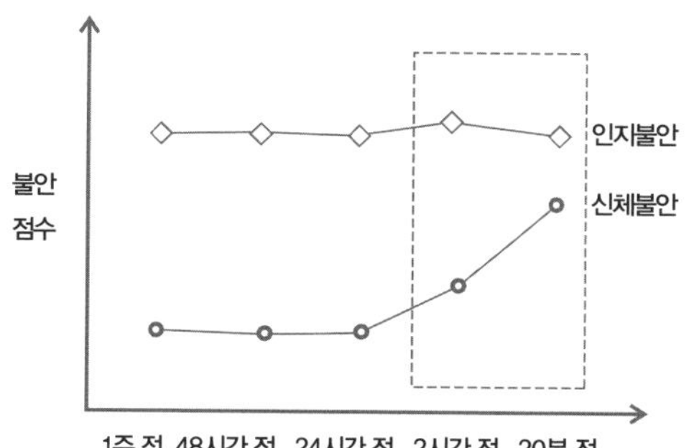

시합 등 중요한 일을 앞두고 2시간 전부터 신체불안이 급상승한다.
신성함 속에서 루틴을 시작해야 하는 중요한 순간이다.

머릿속 걱정이라 할 수 있는 인지불안은 1주 전부터 시합 직전까지 비슷한 수준을 유지한다. 그런데 몸의 증상으로 나타나는 신체불안은 시합 2시간 전부터 급격히 상승하기 시작해 시합 직전에 가장 높아진

다. 2시간 전이면 경기장에 도착해 관중이나 상대 선수를 목격하는 시점이다. 그 순간부터 몸의 불안 반응이 급격히 높아지기 시작한다.

루틴은 신체불안이 급격히 높아지는 시점에 꼭 필요하다. 자신이 습관적으로 지키는 일정한 행동, 생각, 느낌에 집중하면 극도로 높아지는 불안을 조절하고 최적의 몸 상태를 만들 수 있다. 시합, 발표, 시험, 프레젠테이션이 시작되기 2시간 전은 자신만의 루틴을 시작해야 하는 중요한 순간이다.

가슴이 갑자기 심하게 요동칠 때는 심호흡을 두어 번 한다든지, 아니면 손바닥으로 자신의 왼쪽 어깨를 가볍게 두드리거나 하는 자신만의 루틴을 가져보자. 그리고 실전에 들어가기 직전에 하늘을 보면 마음이 차분해진다든가 하는 자기암시를 걸어보는 것도 좋다. 어떤 식이든, 나만의 신성한 루틴을 가지는 것은 긴장된 순간을 극복하는 데 최적의 에너지를 제공할 것이다.

최적 조건은 항상 일정하게

루틴은 여러 형태로 나뉜다. 프로야구 선수 박정권의 타격 루틴은 타격을 잘하기 위해 준비하는 일정한 동작으로 구성돼 있다. 이처럼 어떤 동작을 잘하기 위해 동작 전에 습관적으로 지키는 것을 수행 전 루틴pre-performance routine이라 한다. 타자가 타격을 하기 전에 하는 타격 전 루틴, 투수가 투구를 하기 전에 하는 투구 전 루틴, 골퍼가 샷을 하기 전에 하는 프리샷 루틴, 수영선수의 출발 전 루틴, 피겨선수의 연기 전 루틴, 무용수의 공연 전 루틴, 테니스 선수가 서브를 넣기 전에 하는 프리서비스 루틴, 볼링 선수가 릴리스 전에 하는 릴리스 전 루틴이 여기에 해당한다.

반면 동작을 성공시킨 다음에 하는 일정한 행동은 수행 후 루틴post-performance routine이라고 부른다. 골을 넣은 후의 세리머니가 대표적 수행 후 루틴이다. 실수를 한 후에 심호흡을 하고 모자를 고쳐 쓰고 다시 집중하자고 마음먹는 것도 수행 후 루틴에 해당한다.

수행 전 루틴의 목적은 어떤 동작을 수행하는 데 요구되는 최적의 조건을 만드는 것이다. 수행 전 루틴은 시합의 부담감 속에서도 동작을 잘하기 위해 필요한 조건을 빠뜨리지 않게 점검해준다. 수행 전 루틴을 잘 개발해 두면 불확실성을 줄이고 집중력을 최적으로 유지할 수 있다.

마치 밤길을 걸을 때 평소 습관적으로 다니는 길을 따라가는 것에 비유할 수 있겠다. 평소에 다니던 길이라면 힘도 덜 들뿐더러 실수를 할 가능성도 거의 없다.

반면 루틴이 없거나 루틴을 지키지 않는 것은 평소 다니던 길이 아닌 새로운 길을 가는 것과 같다. 주의집중이 더 요구되고 긴장의 강도도 높아진다. 또 어떤 일이 일어날지 예상하기 힘들어 불안감도 고조된다. 루틴이 없거나 루틴을 지키지 않으면 최적의 에너지 존에 진입하기 어렵게 된다.

수행 전 루틴은 거의 모든 운동선수가 갖고 있다. 선수마다 습관적으로 일정하게 하는 동작이 있다. 하지만 습관적으로 하는 루틴의 중요성을 알고 이를 지키려 노력하는 선수는 많지 않다. 동작을 하는 데 최적의 조건을 만들어주는 일정한 동작이 자신의 루틴이라는 점을 알고 이를 무의식적으로 지킬 수 있도록 숙달해야 한다.

수행 전 루틴은 실제 수행으로 자연스럽게 연결된다. 그래서 수행 전 루틴과 실제 수행을 함께 묶어 수행루틴performance routine으로 분류하기도 한다. 골퍼의 프리샷 루틴은 샷을 잘하기 위한 조건을 순차적으로 만드는 것으로 실제 샷으로 저절로 연결된다. 수행루틴에는 수행 전 루틴과 함께 실제 수행 과정에서 놓치지 말아야 할 행동, 생각, 운동감각 등 중요한 집중 포인트들이 포함돼 있다.

2010년 광저우 아시안게임 멀리뛰기에서 금메달을 딴 '멀리뛰기 여왕' 정순옥 선수의 수행루틴을 살펴보자. 그녀는 성인 키의 4배에 해당하는 6미터 53센티미터를 뛰었다. 전국체전에서 10년 연속 우승, 한국기록 4차례 경신이라는 대기록을 보유한 특별한 선수다. 그녀의 수행루틴은 누차 언론에 공개되기도 했다.

멀리뛰기는 도약해 발구름판을 차고 날아 착지하기까지 불과 1분도 안 돼 끝나는 경기다. 최고의 기록을 발휘하기 위해서는 질주 속도와 리듬으로 발구름판을 차고 뛰어올라 몸을 가능한 한 멀리 날려야 한다. 이런 최고의 도약을 위한 준비과정에서 짧은 순간에 일어날 수 있는 불확실성을 줄이기 위해서는 멀리 뛰기 위한 공식이라 할 수 있는 루틴이 꼭 필요하다.

정 선수는 자신만의 방식으로 몸을 가볍게 푼 다음 출발선에서 에너지 수준을 높이려는 듯 큰소리를 지른다. 이어서 발구름판과 모래판을 강한 시선으로 노려보고 양팔을 크고 강하게 흔들며 아주 빠른 속도로 출발한다. 도약 직전까지 무한 가속을 하듯이 질주하고 그 속도를 살려 한 발로 뛰어올라 상체를 끌어 앞으로 날려 보낸다.

그녀는 알고 있을 것이다. 도약 직전까지의 조건을 최적으로 만들어야 한다는 것을. 그래서 그녀는 최적의 조건을 만드는 데 필요한 동작, 생각, 느낌을 놓치지 않도록 자신만의 수행루틴을 만들고 지킨다. 보면 볼수록 감탄이 절로 나오는 수행루틴이다.

야구 투수도 수행루틴이 일정하다. 어떤 팀을 만나 어떤 상황이 오더라도 자신의 투구 루틴만큼은 흔들리지 않는다. 모자를 체크하는 동작으로 투구 루틴을 시작하는 프로야구 투수도 있다.

다음은 프로야구 투수 정대현의 투구 루틴이다.

* 손으로 모자 체크
* 왼발 위치와 무게 확인
* 포수에게 고개 끄덕
* 3루 코치 응시
* 독특한 고개 흔들기 동작
* 투구 시작
* 캥거루 동작 세리머니

이 선수는 모자를 고쳐 쓰기 위해 모자를 체크하는 것이 아니다. 자신만의 편안한 습관을 지키는 행동일 뿐이다. 모자를 체크하는 것부터 투구 시작 직전에 특유의 고개 흔들기 동작까지는 마치 예정된 프로그램이 흘러가듯 자연스럽게 진행된다. 루틴에 포함된

한 요소는 다음 요소로 마치 자동변속기처럼 저절로 바뀐다. 이는 불확실성을 최소화하고 최적의 집중 조건을 만드는 선수 자신만의 방법인 것이다. 투구 후에 중심이 쏠려 저절로 캥거루 같은 자세가 나오는 세리머니도 항상 일정하다.

수행 전 루틴과 수행루틴은 본인 스스로 100퍼센트 통제할 수 있는 것이다. 루틴을 얼마나 잘 지키는가는 전적으로 본인에게 달려 있다. 수행 전 루틴이나 수행루틴을 컴퓨터 프로그램이 실행되는 것처럼 자동적으로 수행되도록 만들면 이후의 동작도 자동적으로 수행될 수 있는 조건이 만들어진다.

루틴은 최적의 조건을 저절로 만드는 멘털의 자동변속기다. 시합이 주는 압박감에 의해 발생할 수 있는 불확실성을 크게 줄일 수 있다. 루틴은 동작 성공의 최적 조건을 항상 일정하게 만들어준다. 자신만의 독특한 성공 비법이다. 이처럼 루틴을 지키면 우선 중요한 동작 요소를 빠뜨리지 않고 체크할 수 있고, 상황이 달라져도 편안함을 지킬 수 있다. 또한 불확실성을 최소로 줄일 수 있고 생각, 느낌, 행동에서 일관성을 높일 수 있다.

결국 모든 일을 할 때 자신감, 집중력을 높이고 긴장감을 줄일 수 있으며 정신적 소모를 막을 수도 있는 것이다.

실수 극복
루틴의 힘

수행 전 루틴에 대비되는 수행 후 루틴도 중요하다. 동작을 끝낸 후에 하는 일정한 행동이다. 동작에 성공했을 때 하는 수행 후 루틴과 실패했을 때 하는 수행 후 루틴은 달라야 한다.

선수들은 동작에 성공한 다음에는 대개 세리머니를 한다. 세리머니는 수행 후 루틴이라 할 수 있다. 스트라이크를 성공시킨 투수는 주먹을 불끈 쥐고 포효한다. 스파이크를 성공시킨 배구선수도 동료와 어깨동무를 하고 기쁨을 나눈다. 축구에서 골을 성공시킨 선수도 다양한 세리머니를 선보인다. 성공 뒤에 선수들이 보여주는 세리머니는 독특하면서 일관성이 매우 높다.

세리머니는 어떤 효과가 있을까? 앞에서 설명한 SK 와이번스 투수 정대현의 캥거루 동작 세리머니를 보자. 이 투구 후 루틴post pitching routine에는 특별한 의미가 담겨 있다. 투구에 성공한 후에 멋진 세리머니를 반복하면 자극과 반응의 연결고리가 만들어진다. 성공이라는 자극에 세리머니라는 반응이 강하게 연결된다.

세리머니는 동작을 성공시킨 후 자축의 의미를 갖는다. 마운드에 서서 압박감을 홀로 극복하고 훌륭한 성취를 이룬 자신을 축하해줄 가장 중요한 사람은 바로 자신이다. 다른 누구의 축하보다 더 큰 뿌듯함을 안겨준다. 이뿐만 아니라 선수의 성공 세리머니는 팬들에게 주는 선물이고 상대를 제압하는 무기이기도 하다.

수행 후 루틴은 코칭스태프와 선수 사이의 보이지 않는 벽을 허물고 신뢰를 다지기도 한다. 골을 넣자마자 벤치로 달려가는 골 세리머니를 선사한 프로축구 FC서울 선수들, 그리고 2010 남아공 월드컵 기간에 골 세리머니로 '손자 어르기'를 한 대표선수들은 코칭스태프와 선수는 하나라는 가슴 벅찬 감동을 맛보았을 것이다.

남아공 월드컵 최종 예선전을 치르는 기간 허정무 감독이 보여준 리더십에 대해 언론은 '소통의 리더십'으로 칭찬했다. 선수들에게 자율권을 주고 의견을 최대한 존중하자 선수들의 책임감이 더 높아졌다. 선수들은 자신을 믿어준 감독에게 골을 넣고 수행 후 루틴으로 보답했다. '손자 어르기' '아기 기차놀이' 세리머니를 단체로 선보였던 것이다.

'손자 어르기'라는 독특한 수행 후 루틴을 만들기 위해 선수들은 시합 전날 감독 몰래 모여 아이디어를 모았을 것이다. 이런 모임 자체가 선수들의 팀효능감team efficacy을 높인다. 개인이 어떤 과제를 성공적으로 수행할 수 있다고 믿는 것을 자기효능감self-efficacy 이라고 하는데, 팀효능감은 자기효능감을 팀 차원으로 확장한 개념이다. 즉 자신이 속한 팀이 과제를 성공적으로 수행할 수 있다는 믿음이다. 내일 골이 터지면 어떤 세리머니를 보일까? 시합 전날 선수들은 이런 즐거운 수행 후 루틴을 생각하면서 마음속으로 이미 시합을 이겨 놓았을 것이다. 수행 후 루틴을 상상하고 준비하는 모임을 가지는 것만으로도 좋은 팀이 아닐까. 이처럼 목표하는 것을 이루었을 때 자기 자신을 위한 세리머니를 하는 것은 성취감과 만족감을 더 크게 높일 수 있다.

실패한 직후에도 루틴이 필요하다. 동작을 실수한 후에 선수들이 하는 행동을 살펴보자. 자신의 실수로 포인트를 잃으면 라켓으로 바닥을 치면서 '이 바보야'라고 외치는 선수도 있다. 자연스러운 반응이지만 긍정적으로 대처하는 선수만은 못하다. '실수다. 이미 지나갔다. 다시 집중하자'라고 생각하고 심호흡을 한 다음 시선에 힘을 줘 집중력을 다시 살리는 선수도 있다.

실수했을 때 습관적으로 나오는 행동도 수행 후 루틴이다. 실수에 따른 수행 후 루틴은 감정을 조절하는 데 중요한 역할을 한다. 실수를 하자마자 자신을 비난하는 행동과 생각으로 가득한 수행 후 루틴을 한다면 감정 조절에 문제가 생긴다. 패배주의적인 루틴이 저절로 나오게 해서는 안 된다.

실수가 나온 후에는 실수한 다음에 실수에 집착하지 않고 당면

한 과제에 집중하기 위한 목적으로 하는 습관적이고 일정한 행동인 실수 극복 루틴recovery routine이 필요하다. 실수는 이미 지나간 것이다. 아무리 애를 써도 되돌려지지 않는다. 마치 빠르게 흐르는 시냇물에 떠내려가는 낙엽과 같다. 아무리 애를 써도 시냇물의 흐름을 되돌릴 수는 없다.

바로 잊고 다음 동작에 집중하는 것이 합리적이고 현명한 일이다. 왜 그런 실수를 했을까? 그런 실수를 또 하면 어쩌나? 이런 부정적인 생각이 머릿속에 가득하면 동작에 집중하기 어려워진다. 자신에게 화를 내면 집중해야 할 중요한 일에 집중하지 못한다. 실수 극복 루틴을 만들어 두고 실수가 나올 때마다 일관성 있게 실천하는 것으로 바꿔야 한다.

실수 후에 실행에 옮기는 실수 극복 루틴이 없던 고교 골퍼가 나의 연구실로 찾아온 적이 있다.

프로에 도전하는 이 고교 선수는 실수 후에 나오는 실수에 대한 집착과 자기 비난으로 인해 심적 고통이 컸다. 실수가 하나 나오면 연이어 3~4개 홀에서 점수를 잃었다. 실수에 대한 생각을 끊고 다음 동작에 집중할 수 있도록 선수와 협력해 실수 극복 루틴을 만들었다. 실수 극복 루틴이 만들어지자 "이런 것이 있는 줄은 생각도 못했다. 이제 실수해도 이것만 지키면 실수를 이겨낼 수 있을 것 같다"며 밝은 표정을 지었다.

이 선수의 실수 극복 루틴은 3D, 즉 입체적으로 바른 샷을 떠올리는 것으로 시작한다. 실수 직후에 신속하게 그 샷이 성공한 장면을 떠올리게 했다. 실수에 집착하는 부정적인 생각이 시작되는 것을 막기 위한 조치다. 바른 샷의 이미지를 떠올리면서 '아깝다, 다음에는 잘할 수 있다'는 자기암시도 곁들여 샷 성공에 대한 자신감을 높였다. 이어서 심호흡으로 긴장과 부정적인 생각을 날려버리게 했다. 모자를 다시 쓰는 행동은 다시 해보자는 생각과 마음을 끌어내기 위한 앵커anchor, 즉 특정한 심리상태로 변화하도록 연결해 주는 자극이나 단서로 삼았다.

수행 전 루틴은 널리 알려져 있지만 수행 후 루틴은 잘 알려져 있지 않다. 좋은 수행 후 루틴을 갖고 지키는 선수라면 실수가 생겨도 쉽게 흔들리거나 좌절하지 않는다. 다음은 프로에 도전하는 한 골퍼의 실수 극복 루틴을 소개한다.

* 실수 후 제대로 된 샷을 입체적으로 머릿속에 떠올리기
* '다시 하면 잘할 수 있다'는 자기암시
* 심호흡하면서 모자 다시 쓰기
* '내 플레이에 집중'이라는 자기암시

수행 전 루틴과 마찬가지로 수행 후 루틴도 긍정적인 마음을 회복하기 위한 자동변속기 역할을 한다. 실수에 집착하고 감정이 크게 흔들리는 사람이라면 자신만의 실수 극복 루틴을 만들어보자.

움발라 키키

캐나다의 스포츠심리학자 테리 올릭Terry Orlick은 아동을 위한 생활 심리기술을 전파하는 것으로 유명하다. 긍정의 감정을 만드는 심리 전략을 다룬 그의 저서 《필링 그레이트*Feeling Great*》에 인상적인 수행 후 루틴이 나온다.

그가 남태평양에 있는 섬나라 파푸아뉴기니를 여행할 때의 일이다. 야자수 옆 공터에서 마을 아이들이 공놀이를 하는 장면을 유심히 살펴봤다. 시합이 끝나자 양 팀 아이들이 둥글게 모였다. 그러자 한 아이가 다른 아이의 어깨에 손을 얹고 무슨 말을 하는 것이었다. 그리고 옆 아이에게로 가서 차례대로 같은 동작을 반복했다.

모든 아이의 어깨에 손을 얹고 말을 하는 동작이 끝나자 그 아이는 공터 밖에 있는 큰 야자수로 다가갔다. 이번에는 야자수에 손을 얹고 주문을 외우는 것이 아닌가? 그리고 다시 모여 있는 아이들에게로 돌아가자 아이들은 얼굴에 밝은 표정을 하고 흩어져 집으로 가는 것이었다.

흥미로운 장면을 목격한 올릭 박사는 야자수 그늘에 앉아 있던 마을 노인에게 그 이유를 물었다. 알고 보니 시합 중에 생긴 나쁜 감정을 잊기 위한 의식을 하는 것이라고 했다. 대표 아이는 다른 아이의 어깨에 손을 얹고 '움발라 키키(Umbala kiki)'라고 주문을 외운다고 한다. 움발라 키키란 '나에게 다오(Give it to me)'라는 뜻이란다. 시합으로 인해 혹시라도 기분 나쁜 감정이 남아 있다면 나에게 달라는 주문이었다. 모든 아이로부터 나쁜 감정을 모은 대표 아이는 마지막으로 야자수에게 나쁜 감정들을 전달한 것이었다.

시합을 끝낸 아이들이 모두 행복한 표정으로 일상으로 돌아갈 수 있었던 것은 움발라 키키라는 수행 후 루틴을 지킨 덕분이었다. 마을 어른들은 움발라 키키 전통이 수백 년 동안 이어져 왔다는 설명도 곁들였다. 마음의 평화를 지키는 지혜가 담긴 루틴이다.

미니 루틴과 매크로 루틴의 좋은 습관

수행 전 루틴과 수행루틴, 그리고 수행 후 루틴은 특정 동작을 잘하기 위해 필요한 미니 루틴mini routine이라고 부른다. 그리고 매크로 루틴macro routine이란 미니 루틴과 비교했을 때 시공간적으로 넓은 범위를 차지하는 루틴이다.

예를 들어 시합 전날의 마무리 훈련 방법, 잠들기 전의 최종 점검과 준비, 그리고 시합 당일 아침을 시작하는 방법, 경기장에 도착한 후의 준비운동, 시합 직전의 행동 절차, 시합 후의 마음가짐 등을 모두 포함하는 것이 매크로 루틴이다.

매크로 루틴은 시합 전날의 루틴, 시합 당일의 시합 직전 루틴, 시합 중 루틴, 시합 후 루틴 등 미니 루틴으로 이루어진다. 시합 전날의 루틴은 시합에 큰 영향을 주기 때문에 특히 유의해야 한다. 나는 충분히 준비된 상태고, 빨리 시합이 시작됐으면 좋겠다는 생각이 들도록 해야 한다.

선수들은 대개 시합 전날 자신의 컨디션에 무리가 없을 정도의 훈련을 하고 하루를 마무리한다. 장비와 유니폼도 꼼꼼하게 챙기고 시합 때 먹을 간식, 날씨 변동에 대비한 물품 준비, 장비에 문제가 생겼을 때의 대비책도 마련한다. 수면을 충분히 취하는 것도 물론 중요하다.

시합 전날에는 시합에 대한 걱정과 불안이 높아지지 않도록 명상을 하거나 멘털 리허설을 하는 선수가 많다. 시합 전날에 어떤 기분을 가지고 있느냐에 따라 시합 결과가 달라지기도 한다. 잘할 수 있다는 자신감을 유지하면 실제로 좋은 결과로 이어진다. 승리했다는 가정하에 시상식 때 입을 옷을 미리 준비하는 선수, 그리고 이겼다고 생각하고 골 세리머니를 만드는 긍정적인 팀이 실제로 좋은 결과를 가져온다.

시합 당일의 루틴도 기존에 준비한 대로 실천할 수 있어야 한다. 시합 당일은 사소한 것에도 동요할 만큼 민감하기 때문이다. 대개 시합 당일의 식사는 시합 시작까지 남은 시간을 고려해 신중하게 해야 한다. 대부분 시합 2~4시간 전에 식사를 모두 끝내는 것이 좋다.

예를 들어 이른 아침인 7시에 시합이 시작되면 새벽 3~5시 사이에 식사를 한다. 시합이 1시간 이상 계속되는 종목이라면 힘이 빠지지 않도록 시합 중간에 스포츠 드링크와 간식을 섭취해야 한다. 보통 시합 당일, 중요한 일이 일어나는 날의 루틴은 그 일이 벌어지는 시간으로부터 2~4시간 전부터 시작돼야 한다. 경기장에 이르는 교통편을 미리 확인하고, 문제가 생겼을 때의 위기대처 계획도 마련해 둔다.

시합 직전의 루틴은 아주 세부적으로 짜인다. 시합 직전의 루틴을 지키는 목적은 시합을 잘 시작하기 위한 최적의 느낌, 컨디션, 집중 상태를 만드는 것이다. 이는 어떤 종목이냐에 따라 다르다. 에너지 수준을 높이기 위해 빠르게 뛰거나 땀이 충분히 나도록 준비운동을 해야 하는 종목이 있는 반면, 집중을 방해하는 요소들을 차단하기 위해 음악을 들으면서 충분히 이완하는 것이 중요한 때도 있다. 이처럼 중요한 일을 앞두고 있어 걱정이 된다면, 그날을 생각하며 매순간 어떻게 행동해야 할지 꼼꼼하게 계획을 세워두는 것이 좋다.

시합 직전 루틴에는 앞서 설명했던 충분한 스트레칭과 준비운동, 시합을 성공적으로 이끌어야 한다는 멘털 리허설, 시합에서 놓치지 말아야 할 중요한 집중 포인트 점검, 에너지 수준 조절, 긍정적인 자기암시 등이 포함된다. 훌륭한 선수들은 스트레칭 순서와 횟수까지 정확히 지킬 정도로 세부적인 시합 직전 루틴을 갖고 있다.

무용과 진학을 위해 발레 실기를 준비하는 한 학생과 함께 만든 연기 직전 루틴을 보면 그 상세함이 돋보인다. 이 학생은 연기 마지막 부분에서 실패할 것을 미리 우려하는 바람에 시합 전부터 과도한 불안을 호소했다. 연기 마지막에 실수할 것이라는 부정적인 생각을 막고 연기 시작을 위한 최적의 조건을 일관성 있게 갖추는 대책이 필요했다.

그래서 나는 이 선수에게 준비운동 시점부터 빠뜨리지 않고 지켜야 할 중요한 동작, 생각, 운동감각, 자기암시를 순서대로 지키도록 했다. 여기에는 '찰칵이' 포인트, 에너지 풍기기, '나만 봐라'와 같은 개인적으로 의미 있는 특별한 앵커가 많이 들어 있다. 이 선수는 연기 직전의 루틴을 철저히 지키게 되자 "이제 안 되고 되고 그런 것 없다. 계획한 것에만 집중할 수 있다"라고 말할 정도로 자신감이 상승했다.

프로축구에서 살아있는 전설로 불리는 골키퍼 김병지 선수는 심리적인 준비도 최고 수준이다. 그는 시합 직전에 멘털 리허설을 한다. 시합 직전 준비운동을 할 때 상대팀 공격수의 슈팅 패턴을 머릿속에 떠올리며 성공적으로 막는 장면을 무수히 그리는 것이다. 이는 시합 직전에 이미 상대 공격수의 공격을 효과적으로 막아 놓고 시합을 시작하는 것이나 마찬가지다. 다른 선수들이 본받을 만한 좋은 루틴이다.

최고의 플랜, 멘털 플랜

시합 중 루틴은 시합을 진행하면서 집중해야 할 중요한 포인트를 잊지 않게 해주는 효과가 있다. 집중을 잘하기 위해 언제 어떤 포인트에 어떻게 집중할 것인지에 관해 계획을 세워 두어야 한다. 그렇지 않으면 시합 중에 불안감이 높아져 중요한 정보를 놓치기 때문이다. 중요한 고비에서 집중 포인트가 무엇인지를 분명히 기록해 두면 좋다.

시합 중 루틴은 시합 때 지켜야 할 중요한 집중 계획을 담고 있기에 최고의 경기력을 발휘하는 데 필요한 핵심적인 단서(행동, 생각, 느낌, 운동감각 등)를 미리 계획한 것인 멘털 플랜mental plan이라고도 부른다. 만약 당신이 중요한 프레젠테이션을 준비한다고 가정하자. 평가를 하는 시선이 가득한 상황에서 어떻게 집중을 유지할 수 있을 것인가? 프레젠테이션을 하는 도중에 심사위원의 뚱한 표정이 눈에 들어올 수도 있고, 지루한 표정의 청중 때문에 마음이 흔들릴 수도 있다. 바깥의 소음 때문에 말문이 막힐 수도 있다.

'내가 잘하고 있는가?'라는 의구심은 고개를 들고, 이러다 또 나쁜 평가를 받으면 어쩌나 하는 걱정과 자책이 들 수도 있다. 완벽한 프레젠테이션을 위한 멘털 플랜을 만들고 숙달할 수 있다면 이런 걱정은 할 필요가 없다.

한 사이클 선수는 연습 때 항상 잘 나오던 기록이 시합 때만 되면 나오지 않았다. 연습 기록만 나온다면 출전하는 대회마다 1, 2위가 보장될 텐데 말이다. 늘 시합 때면 출발 직전에 지나치게 긴장해 맥이 풀렸다. 다리에 힘을 줄 수 없을 정도였으니 출발부터 늘 문제였다. 또 코스 중간도 못 갔는데 '이거 또 지는 것 아니야?'라는 부정적인 생각이 떠올랐고, 이는 만성이 되었다.

나는 이 선수에게 코스 상황에 따라 집중해야 할 핵심적인 사항을 찾아내 그만의 멘털 플랜을 만들게 했다. 그 선수로 하여금 연습 때 잘했던 순간을 떠올리게 해 경기에 꼭 필요한 핵심 요소를 찾아냈다.

매순간 동작을 하는 데 필요한 핵심 요소에 집중하게 했고, 늘 동작에 마음이 따라갈 수 있도록 체크하는 훈련을 반복했다. 오르막과 내리막에서 자동으로 변속이 이루어지는 것처럼 선수가 집중할 수 있는 포인트도 멘털 플랜에 따라 저절로 바뀔 수 있도록 숙달시킨 것이다.

효과는 1개월도 채 안 돼 나타났다. 그 선수는 자신의 주종목이 아닌 도로 경주에서 동메달을 획득했다. 그동안 변속이 제대로 되지 않던 멘털 변속기는 연습하고 계획한 대로 자동적으로 변속되기 시작했다. 이듬해 이 선수는 전국체전에서 꿈에 그리던 금메달을 목에 걸 수 있었다.

사이클 선수의 200미터 멘털 플랜

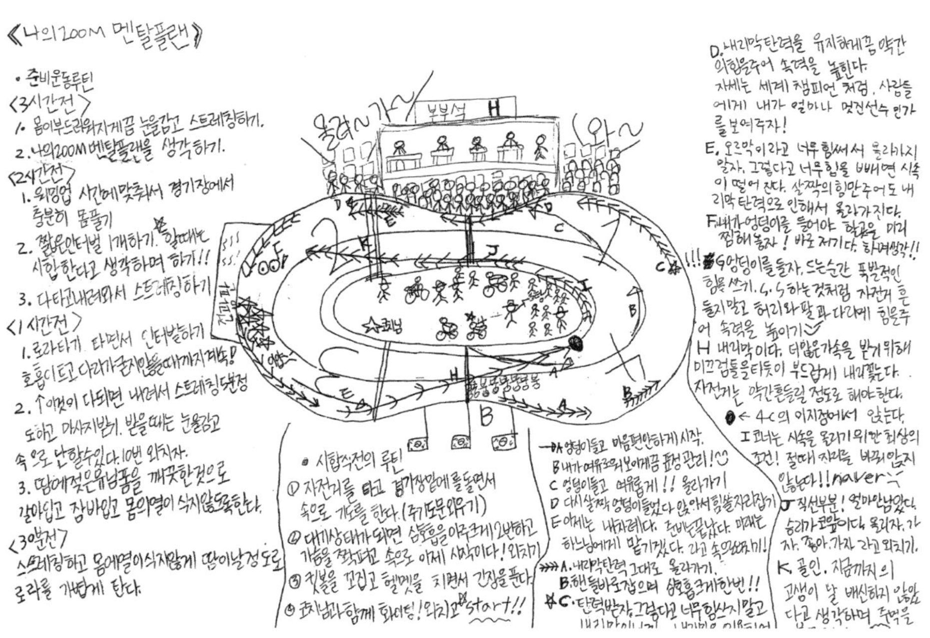

시합에서 상황마다 집중해야 할 핵심 요소가 빼곡하게 적힌 사이클 선수의 멘털 플랜.
집중력과 수행의 일관성을 높이는 성공 비법이 담겨 있다.

시합은 결과에서 승패가 드러난다. 승자는 노력한 것보다 몇 배나 더 큰 보상을 얻는다. 패자는 승자와 비슷하거나 더 많은 노력을 투입하고도 보상은 고사하고 심리적 타격까지 심하게 받는 경우가 많다. 시합 후 루틴이 중요한 이유가 여기에 있다.

시합에서 이기거나 좋은 성과가 나왔을 때 루틴을 실천하기는 어렵지 않다. 그저 승리의 기쁨과 성취감을 마음껏 느끼면 그만이다. 그러나 패했거나 좋은 성과가 나오지 않았을 때는 감정을 극복하기가 쉽지 않다. 그렇기 때문에 시합 후 루틴은 좋은 결과가 나왔을 때보다는 좋지 않은 결과가 나왔을 때 더 필요하다.

시합 후 루틴은 겸허하게 시합의 성과를 분석하고 감정을 정리하기 위한 절차로 채워야 한다. 좋지 않은 결과가 나왔다면 좌절하기보다는 우선 팀 미팅을 통해 시합에서 어떤 점을 깨달았는지, 그 긍정적인 측면이 무엇인지 짚어보는 것이 좋다. 개인적으로도 좋은 결과가 나오지 않았더라도 패배 속에서 다시 자신감을 찾을 수 있는 요인이 무엇인지를 찾을 수 있어야 한다.

물론 패한 경기에서 자신감 요인을 찾는 것은 감정적으로 쉽지 않은 일이다. 하지만 우승한 선수는 이런 좋은 루틴을 습관처럼 지니고 있다.

경기가 끝나면 결과에 관계없이 지켜야 할 루틴이 있다. 동료에게 다가가 수고했다고 인사하기, 상대와 악수하기, 상대 팬에게 찾아가 단체로 인사하기는 기본이다. 들뜬 감정, 위축된 감정을 다스릴 수 있도록 자신과 내면의 대화를 나누는 것도 중요하다.

'시합은 끝났다. 하지만 축구는 계속된다. 그리고 나를 사랑하는 사람들은 여전히 나를 사랑한다'라고 자신에게 부드럽게 이야기할 수 있어야 한다.

2010년 남아공 월드컵 본선에서 한국 팀은 강팀 아르헨티나에 패했다. 그런데 이청용 선수는 패한 경기에서조차 자신감 요인을 찾고 있었다. 그는 경기 후 인터뷰에서 '후반에 강하게 밀어붙였더니 그들도 힘들어했다. 이럴 줄 알았으면 초반부터 공격할 걸 그랬다'라고 당당하게 말했다. 경기 결과에 관계없이 자신감 요인을 찾는 시합 후 루틴을 실천한 것이다.

에필로그

계단을 오르듯
멘털을 사용하라

어떤 선사가 이런 말씀을 하셨다고 한다.

"밥 먹을 때는 밥만 먹고, 잠잘 땐 잠만 자라"고.

사람이 동시에 할 수 있는 것은 한정돼 있기에 어떤 일을 하든지 과한 욕심을 내지 말고 현재 하는 일에만 집중하라는 의미다. 그러면 머리를 괴롭히던 잡념은 이내 사라진다는 것이다. 편집자와 책에 대한 이야기를 하던 중 미래에 대한 막연한 불안감은 어떻게 해결해야 하느냐는 질문을 받았을 때도 같은 맥락의 대답을 했다.

너무 먼 미래를 생각하며 고민을 거듭하는 것보다는 현재 닥친 일을 하나씩 풀어간다면 쓸데없는 걱정은 사라질 것이라고. 책에서도 이야기했지만 과거는 이미 지난 일이고, 미래의 일은 신만이 아신다. 그러기에 미래에 대한 고민을 미리부터 해가며 안달복달할 일이 전혀 없는 것이다. 계단을 오를 때 한 계단씩 발을 정확하게 딛듯이 마음을 쓰는 일도 한 번에 하나씩 정확하게 써야 한다.

지금껏 불안하고 초조한 마음을 가졌던 사람이라면 이 책에 나오는 많은 사례를 통해 자신만의 불안 극복법을 찾을 수 있었으면 한다. 아주 사소한 것이라도 좋다. 갑자기 말문이 막힐 때는 침을 두 번 삼킨다든지, 오른손으로 목을 한 번 툭, 치는 것이라든지 나 자신만 알 수 있는 재집중 계획을 만들 수 있다면 그것으로 충분하다고 생각한다. 스포츠심리학이라는 다소 생소한 학문이 이 책을 통해 대중들에게 좀 더 친숙해질 수 있다면 더 이상 바랄 게 없을 것이다.

오래전부터 이 책에 대한 구상을 해왔고, 출간 제의를 받았을 때가 마침 선수들과의 상담을 통해 쌓은 결과들이 어느 정도 축적된 시기였다. 기존에 생각했던 것보다 책의 분량이 꽤 많아졌지만 모든 일이 그렇듯 끝내고 나니 약간 아쉬운 생각도 든다.

계단을 오를 때 발을 아무 데나 헛딛지는 않는다. 마찬가지로 생각을 발생시키는 기술도 계단을 차근차근 밟아 오르는 것처럼 체계적이고, 정확해야 한다고 믿고 있다. 이 책을 통해 자기 자신에게 가장 적절한 강심장 훈련법을 독자들이 스스로 찾아낼 수 있었으면 한다. 계단을 오르듯 멘털을 사용하는 방법을.

Glossary 본문 용어 설명

ㄱ

각성(arousal)

우리 몸이 전반적으로 얼마나 활성화돼 있는지, 신경계가 얼마나 민감하게 동원되는지를 말한다. 각성이 가장 낮은 수준은 깊은 잠에 빠진 상태며 가장 높은 수준은 패닉 상태다. 행동을 일으키는 에너지 수준energy level, 또는 활성activation과 같은 의미로도 사용된다.

결과목표(outcome goal)

남보다 잘하자, 이기자, 1등 하자 등 다른 사람과의 비교를 통해 결정되는 목표. 남과 비교해 못하면 패배로 간주한다.

과시성향(ego orientation)

남을 비교 기준으로 삼는 것. 경쟁성향이라고 말하기도 한다. 남과 비교해 자신이 우월했을 때 성공했다고 평가하는 스타일이다.

과정목표(process goal)

자신이 통제할 수 있는 목표로, 남과의 비교가 아니라 자신의 플레이에 집중하는 목표.

과학습(overlearning)

충분한 수준을 넘는 학습.

긍정심리학(positive psychology)

20세기 심리학이 우울, 스트레스, 불안 등 인간의 부정적인 면에만 몰두한 경향을 반성하고 마음의 밝은 면을 연구하려는 심리학의 새로운 분야. 행복을 느끼기 위해서는 매사를 긍정적으로 보고, 감사하는 훈련을 하며, 다른 사람의 좋은 면을 찾고, 순수한 즐거움을 찾는 것이 중요한 것으로 밝혀졌다.

ㄴ

내적 관점(internal perspective)

동작을 할 때 자신의 눈에 비친 이미지를 상상하는 이미지 활용 방법. 운동감각을 살리는 데 좋다.

노력성향(task orientation)

얼마나 노력했는가, 얼마나 실력이 향상되었는가와 같이 자신을 기준으로 성공을 판단하는 성향. 남과의 비교를 통해 우월해야만 성공했다고 정의하는 과시성향과는 대조된다.

ㄷ

더블 트랩(Double Trap)

공중으로 쏘아 올려진 2개의 표적을 쏘아 맞히는 사격 종목. 표적의 비행 속도가 매우 빠르고 방향도 예측할 수 없어 고도의 집중력이 요구된다.

또래 모델(peer model)

어떤 일에 시범을 보여주는 사람을 모델model이라고 하는데, 학습자와 특성이 유사한 모델을 의미하는 말. 또래 모델을 활용하면 동기유발과 학습에 효과가 크다. 또래 모델은 전문가 모델에 비해 '나도 할 수 있다'는 자신감을 심어주는 효과가 크다.

ㄹ

루틴(routine)

어떤 일을 하면서 최적의 조건을 갖추기 위해 일정한 절차에 따라 순차적으로 준비하는 행동, 생각, 느낌 등. 스포츠심리학에서 선수가 습관적으로 하는 일정한 행동 절차를 뜻한다.

리플레이 심상(replay imagery)

어떤 동작을 실제로 하고 나서 이미지로 다시 그려보는 연습법.

ㅁ

매크로 루틴(macro routine)

시합 전날의 마무리 훈련, 잠들기 전, 시합 당일 아침 등 시공간적으로 넓은 범위를 의미하는 루틴.

멘털 리허설(mental rehearsal)

감각을 동원해 마음속으로 시합의 과정을 미리 체험하는 심리적 준비과정. 실제 시합과 유사하게 느끼는 것이 중요하다. 실패가 아닌 성공하는 장면을 그려야만 불안을 다스리고 자신감도 높아진다. 이미지 트레이닝, 심상훈련, 심리적 준비 등은 멘털 리허설과 관련성이 많다.

멘털 플랜(mental plan)

최고의 경기력을 발휘하는 데 필요한 핵심적인 단서(행동, 생각, 느낌, 운동감각 등)를 미리 계획한 것.

미니 루틴(mini routine)

수행 전 루틴, 수행 루틴, 수행 후 루틴을 일컫는 말.

ㅂ

방해불안(debilitative anxiety)
불안은 수행에 방해가 될 뿐 도움이 되지 않는다고 보는 관점. 불안으로 인해 나타나는 증상을 부정적으로 해석하는 것과 관계가 깊다. 불안을 많이 느낄수록 실력을 발휘하지 못한다.

비상계획(contingency plan)
위기가 닥치면 어떻게 할 것인가를 예상해 둔 매뉴얼.

ㅅ

세서미 스트리트(Sesame Street)
1969년 시작되어 120개국 이상에서 방송되고 있는 유아 교육용 TV 프로그램. 실험 연구의 결과에 근거해 교육적으로 가치가 높은 프로그램을 제작하는 것을 목적으로 한다. 여러 인형 캐릭터가 등장한다.

수행루틴(performance routine)
동작을 할 때 습관적으로 일정한 절차를 따르는 것. 수행 전 루틴과 수행 후 루틴을 수행루틴에 포함시키기도 한다.

수행 전前 루틴(pre-performance routine)
동작 수행을 위한 최적의 조건을 만들기 위한 목적으로 동작을 수행하기 전에 습관적으로 일정한 행동을 하는 것.

수행 후後 루틴(post-performance routine)
동작을 끝마친 후에 습관적으로 일정한 행동을 하는 것. 골을 넣고 하는 골세리머니, 실수 후에 하는 실수 극복 루틴이 대표적이다.

SUPI 원칙

목표는 구체적Specific이며, 자신이 통제할 수 있어야 하고Under your control, 긍정적Positive인 방향이어야 하며, 기록을 해야Inking 어떤 분야에서 뛰어난Superior 성취를 이룰 수 있다는 목표 설정의 원칙.

수행 고원(performance plateau)

운동 기술을 연습할 때 실력이 일시적으로 정체되는 현상.

스키마(schema)

어떤 일을 일정한 원칙에 따라 체계화하는 틀. 혹은 동작을 가능하게 하는 법칙 또는 프로그램. 스포츠에서는 운동 기술이나 동작을 수행하는 일반적인 법칙 또는 프로그램이라고도 할 수 있다. 연습은 스키마를 만드는 과정이다.

스틸러스 웨이(Steelers Way)

프로축구팀 포항 스틸러스가 도입한 구단의 축구 철학. 파울 최소화, 심판에게 항의 금지, 이기고 있어도 공격하기 등이 핵심이다. 승리수당을 없애고 선수의 플레잉 타임, 파울, 경기 매너 등을 점수로 환산해 스틸러스 웨이 수당을 지급한다. 남과의 비교가 아니라 자신과의 비교를 통해 성공을 정의하는 노력성향을 강조한다.

슬럼프(slump)

연습을 꾸준히 해도 오히려 실력이 줄어드는 현상. 기술의 변화, 체력 저하, 의욕 상실 등의 원인으로 슬럼프가 발생한다.

신체불안

심박수 증가, 근육 경직, 손에 땀이 나는 것과 같은 증상.

실수 극복 루틴(recovery routine)
실수를 한 다음에 실수에 집착하지 않고 당면한 과제에 집중하기 위한 목적으로 하는 습관적이고 일정한 행동.

심리신경근 이론
머릿속에 어떤 동작을 떠올리면 실제 동작을 하지 않더라도 실제 동작 때와 유사하게 신경과 근육이 반응한다는 이론.

심상(imagery)
실제와 비슷한 감각, 지각, 감정을 지닌 기억 정보를 바탕으로 어떤 경험을 만들어내는 것.

ㅇ

앵커(anchor)
특정한 심리상태로 변화하도록 연결시켜 주는 자극이나 단서.

외적 관점(external perspective)
자신의 동작을 외부의 관찰자 시점에서 상상하는 것.

움발라 키키(umbala kiki)
파퓨아 뉴기니의 언어로 '나에게 다오(give it to me)'라는 뜻. 시합으로 인해 혹시라도 기분 나쁜 감정이 남아 있다면 나에게 달라는 주문.

인지불안
근심, 걱정, 우려와 같은 머릿속 불안을 의미.

ㅈ

자기효능감(self-efficacy)

어떤 세부적인 과제를 성공적으로 수행할 수 있다는 믿음. 대개 100퍼센트를 기준으로 측정한다. 스포츠, 학업, 음악, 요리 등 좀 더 일반적인 영역에서 성공할 수 있다는 믿음은 자신감self confidence이라고 구분해 부르기도 한다.

재집중 계획(refocusing plan)

시합 중에 집중이 흐트러질 수 있는 여러 상황을 가정하고 그 상황에서 효과적으로 집중을 회복하는 방법을 미리 계획한 것. 시합, 시험, 발표, 공연 등 중요한 일을 앞두고 있다면 예상치 않은 일에 대비한 비상계획을 세워야 한다.

전환이론(reversal theory)

에너지 수준을 어떻게 해석하느냐에 따라 유쾌와 불쾌가 결정된다는 이론. 에너지 수준이 높을 때 긍정적으로 해석하면 유쾌한 익사이팅이 되며, 부정적으로 해석하면 불쾌한 불안이 된다. 낮은 에너지 수준도 해석하는 스타일에 따라 유쾌한 이완과 불쾌한 우울로 달라진다.

조절력(controllability)

성공 장면을 마음먹은 대로 떠올리는 능력.

ㅊ

촉진불안(facilitative anxiety)

불안은 긍정적으로 해석하면 수행에 도움이 되는 긍정의 에너지가 될 수 있다는 개념. 불안은 나쁜 것이므로 없애거나 줄여야만 한다는 고정관념을 깨고 불안의 긍정 에너지를 활용하라는 메시지를 준다.

최고 수행(peak performance)
올림픽 우승, 국제 대회에서 개인기록을 경신하는 순간.

최적수행존(zone of optimal functioning)
최적의 수행을 발휘하기 위한 에너지 수준은 개인마다 다르다는 이론. 개인마다 성공 가능성을 높여주는 존이 존재하며, 그 존에 있을 때 최고의 기량이 발휘된다고 본다. 핀란드의 세계적 스포츠심리학자 유리 하닌Yuri Hanin이 제안했다.

ㅋ

카타스트로피 이론(catastrophe theory)
인지불안과 신체불안을 동시에 고려하는 삼차원 이론. 인지불안이 높을 때 신체불안이 어느 수준을 넘으면 급격한 수행 추락 현상이 나타난다고 설명한다.

ㅌ

탄도(trajectory)
공의 비행 궤적.

트레이닝(training)
실전과 같은 긴장감과 압박감을 느끼며 훈련하는 과정.

팀 자신감(team confidence)
팀이 시합에서 좋은 성과를 낼 수 있는 능력을 갖고 있다고 선수 모두가 믿는 것. 개인이 좋은 성과를 낼 수 있다고 믿는 개인 자신감과 비교된다.

팀 효능감(team efficacy)
어떤 일을 잘할 수 있다고 팀원 모두가 믿는 마음.

ㅍ

프랙티스(practice)
실수에 대한 부담이 낮고, 시합에서 겪는 긴장감과 압박감을 고려하지 않는 연습방법.

PP 이미지 트레이닝
종이paper와 펜pen만을 이용한 트레이닝.

ㅎ

효과 크기(effect size)
개별 연구의 결과를 통계적으로 표준화시킨 수치. 0은 효과가 없는 것을 의미하고, 대략 0.7 이상이면 정책에 반영될 정도로 효과가 좋은 것을 의미한다.

김병준(2002). 알고보면 쉬운 멘탈 트레이닝. 도서출판 무지개사.

김선진(2009). 운동학습과 제어(개정판). 대한미디어.

신창호(2010). 함양과 체찰: 조선의 지성 퇴계 이황의 마음공부법. 미다스북스.

이강헌, 김병준, 안정덕(2004). 스포츠심리검사지핸드북. 도서출판 무지개사.

이시형(2009). 공부하는 독종이 살아남는다. 중앙북스.

정청희, 김병준(2009). 스포츠심리학의 이해. 금광미디어.

코이케 류노스케 지음, 유윤한 옮김(2010). 생각 버리기 연습. 21세기북스.

Etnier, J.L. (2009). *Bring your 'A' game: A young athlete's guide to mental toughness.* The University of North Carolina Press.

Gill, D.L., & Williams, L. (1999). *Psychological dynamics of sport and exercise* (3rd ed.). Champaign, IL: Human Kinetics.

Gregg, L. (1999). *The champion within: Training for excellence. Burlington,* NC: JTC Sports.

Hardy, J., Roberts, R., & Hardy, L. (2009). Awareness and motivation to change negative self-talk. *The Sport Psychologist*, 23(4), 435-450.

Morris, T., Spittle, M., & Watt, A.P. (2005). *Imagery in sport.* Champaign, IL: Human Kinetics.

Mujika, I. (2009). *Tapering and peaking for optimal performance.*

Champaign, IL: Human Kinetics.

Orlick, T. (1986). *Coaches training manual to psyching for sport*. Champaign, IL: Leisure Press.

Orlick, T. (1986). *Psyching for sport: Mental training for athletes. Champaign,* IL: Leisure Press.

Orlick, T. (1998). *Feeling great: Teaching children to excel at living*. Ontario, Canada: Creative Bound Inc.

Orlick, T. (2008). *In pursuit of excellence: How to win in sport and life through mental training*. Champaign, IL: Human Kinetics.

Palmer, S.L. (1993). *Get the edge: spor psychology for figure skaters*. The Sport Consulting Centre.

Vealey, R.S. (2005). *Coaching for the inner edge*. Fitness Information Technology.

Weinberg, R.S., & Gould, D. (2011). *Foundations of sport and exercise psychology* (5th ed.). Champaign, IL: Human Kinetics.

Weiss, M. R., McCullagh, P., Smith, A. L., & Berlant, A. R. (1998). Observational learning and the fearful child: Influence of peer models on swimming skill performance and psychological responses. *Research Quarterly for Exercise and Sport*, 69, 380-394.

Williams, J. (Editor) (2010). *Applied sport psychology: Personal growth to peak performance* (6th ed.). McGraw-Hill.

Wolcott, H.F. (2001). *Writing up qualitative research (2nd ed.)*. Thousand Oaks, CA: Sage Publications, Inc.

강심장 트레이닝

초판 1쇄 2011년 05월 27일
개정증보판 7쇄 2024년 1월 15일

지은이 | 김병준

발행인 | 박장희
부문대표 | 정철근
제작총괄 | 이정아
편집장 | 조한별

디자인 | twoesdesign

발행처 | 중앙일보에스(주)
주소 | (03909) 서울시 마포구 상암산로 48-6
등록 | 2008년 1월 25일 제2014-000178호
문의 | jbooks@joongang.co.kr
홈페이지 | jbooks.joins.com
네이버 포스트 | post.naver.com/joongangbooks
인스타그램 | @j__books

ISBN 978-89-278-0600-4 03320

- 이 책은 『강심장이 되라』의 개정증보판입니다.

- 책값은 뒤표지에 있습니다.
- 잘못된 책은 구입처에서 바꾸어 드립니다.

중앙북스는 중앙일보에스(주)의 단행본 출판 브랜드입니다.